愛情，
不過就是理解複雜，
選擇簡單

林韻 著

這個世界也在偷偷愛著你

2016 年 9 月，我以交換學生的身份來到臺北。剛到臺北的時候，覺得天天學習會很無趣，就報名了一個手作皮包的課程。自己動手製作皮包，首先就是要裁剪出合適大小的皮料。裁皮需要用到美工刀，美工刀又很鋒利，我沒有想到匆忙的行動背後會埋伏著怎樣的危機，覺得不過是細細的一把小刀，淺淺的一張牛皮，一切都盡在掌控之中。沒想到我一刀劃下去，刀刃走偏，手起刀落，鮮血如注。

因為漫不經心導致的血光之災把我嚇出心理陰影，一個星期之後我再去上課，把負傷的左手指包紮的像是木乃伊，然後右手拿起美工刀遲遲下不了手。我覺得我受傷的 100% 是因為沒有掌握技巧，所以我滿懷期待的問老師說：「做皮包的時候，有什麼方法可以避免受傷？」對於有經驗的匠人來說，起碼會有些心得可以傳授給菜鳥吧。

「沒有辦法」老師說，「除非你自己小心一點，再小心一點。」

後來我一直在心裡琢磨這句聽起來讓人感覺很絕望的話，也許它就是真實人生的寫照。

把手指割破了可以包紮，下次再來可以倍加小心，但是對於愛情本身來講，很多事情沒有那麼簡單。

多巴胺有一種讓人無所畏懼的驅動力，陷入愛情中的男女就像鼻子前掛著香蕉的大象，明明看得見美好，可就是沒有容易得到。也因為求不得苦，所以會一直追尋——為什麼不愛我？到底我要怎麼做才能愛我？是愛上了別人了嗎？是不是還有更好的選擇……

這些問題往往是沒有答案的。因為這個世界上就是有理性和感性的分別，考試、做題目、交工作報告這些是理性的問題，有人提前設定好了對錯，所以只要暸解規則，努力就能做好；而像審美、愛情、家庭矛盾這些要調動情感的事情，根本沒有誰能給出標準答案，大家只能順著自己的內心去探索，說白了，就是我們自己覺得好就好。

劉若英在電影《徵婚啟事》裡就演了這樣一個拿標準衡量愛情的人，她 了忘記一個人，去見了很多很多的人，除了更加明白真愛難求之外，但她終於明白一件事，那就是兜兜轉轉，她不過是在找一個人的

影子。倒是電影最後部分給出了答案：「人不是選擇自己想要的生活，而是選擇自己能承受的生活。」

是的，如果我們把自己定義為愛情鬥士，多受傷、多乏味也要弄清愛情真相，那我們大可以理解複雜、選擇複雜；而對於大多數人來說，還是希望愛情裏有些小甜蜜、小確幸，愛情不是驗算題，不需要給出具體的答題步驟，只是要順著內心就好。

正在翻看這本書的你，也許是這個時代的聰明人吧，你或許學習得很好，或者家境優越，或許顏值超高，或許心地善良。可是在這個虎狼社會，到處都充滿著鋒利、苟且和不確定。哪怕就是拜了四面佛吧，也幾乎沒有人能夠在生活的洪流中，如同完璧一般全身而退。

有的人用智慧生活，有的人用肉身對抗社會的砂輪。你戀愛又失戀，你結婚又失婚，你工作又失業，你千金散盡，你夜不能寐。你小心翼翼的生活，卻沒有得到溫柔對待；你攥握緊拳頭發誓，卻還是為他人作嫁衣裳；你全部身心託付，卻總是不得圓滿；你左躲右閃，不過是求個安穩的小日子，可是到頭來，並沒有換得殘酷生活的放過。

站在二十八歲的十字路口，作為上升星座是獅子座的女生，我也和你一樣，有些許抱負，還有一點小本事，我們可以選擇懶散和隨意的過一生，但是轉念之間，也許就可能真的能在自己的人生和歷史中留下些什麼。

所以顫顫巍巍地站起來，不逃避，不耍小聰明，當選擇用從未有過的真誠去對待這個世界，你突然發現了一個事實，那就是，你從未被

這個世界拋棄。那就是，我們會為我們的懶散和不理性付出代價，也會因為頭腦清腦清明和更加努力而留下些印記。

所以我們唯一能夠的做到的就是，夠勇敢，夠堅強。

從縱向的歷史進程來看，有些東西真的不重要，或者我看起來愈來愈不重要，比如一頓飯的享受和一份安逸穩定的工作，暫時的喜樂和生活給你的蹉跎。

我們都可以有更好的生活，但也許那並不是我們所期待的生活。據說美洲的熱帶雨林中有一種猴子，他們從不安於自己所在的樹枝，他們會伸出長長的手臂，拼命向前抓。我想對於很多人來說，我們想要的生活，不在此刻，不在當下，就在那長長的手臂前面。它沒那麼伸手可及，不然顯得無趣；它也不是毫無指望，不然顯得悽惶。

它是我們早起一小時、跑步、練瑜伽、交付真心掂掂腳尖才可以追求到的生活。比如不被人所役使的工作，比如想到 TA(他) 就會嘴角上揚的愛人。而世界上沒有比這兩樣東西更讓人歡喜了，一旦有幸追尋到，千金不換。

我想我們所有的努力都是為了證明，這個世界並沒有拋棄你，這個世界也在偷偷的愛著你。

目　錄

Chapter 1

感情裡最不能做的就是低到塵埃裡

愛是一場博弈，
必須保持永遠與對方不分伯仲、勢均力敵，
才能長此以往地相依相息。

過強的對手讓人疲憊，
太弱的對手令人厭倦。

感情裡最不能做的就是低到塵埃裡

01

胡蘭成在《今生今世》裡面寫，他第一次見到張愛玲是在南京休養，閒時翻閱《天地》雜誌，看到雜誌內頁刊登著張愛玲的照片，覺得這個女作家的相貌清新秀麗，再往下看她的文字，更覺得才華橫溢，舉世無雙。

要說老民國時期的把妹高手，落拓才子胡蘭成夠不著榜眼，也算得上探花，只要是胡才子看上的、喜歡的，雖千萬人吾往矣。況且，找到張愛玲，並非是件難事。

因為《天地》這本雜誌是好友蘇青寄來的，所以胡蘭成從南京剛回到上海，就直接到編輯部找張愛玲的好友蘇青，問她說：「張愛玲是何人，住在哪裡？」蘇青說：「張愛玲是不見人的。」

經不住胡蘭成的軟磨硬泡，蘇青最後還是把地址給了他──靜安寺赫德路口 192 號公寓 6 樓 65 室。第二天，耐不住性子的胡蘭成便登門拜訪。張愛玲的姑姑開門，胡蘭成說明來意。張小姐平日和姑姑住在一起，這種粉絲她見多了，也算是半個經紀人，便照舊表示：「張小姐是不隨便見人的。」

胡蘭成留下名字和電話後，悻悻然地回到住所。雖然有點詫異，

但也是意料之中的事，他第二天便接到張愛玲的電話，請他到寓所小坐。

此後張愛玲和胡蘭成便經常聊天，有一次，胡蘭成提到《天地》雜誌上張愛玲的照片很美，張愛玲第二天便將他提到的照片送給他，背面還寫了一行小字，就是骨灰級文青所熟知的：「**她見到他，她變得很低很低，低到塵埃裡，但心是歡喜的，從塵埃裡開出花來。**」

張愛玲怎樣低到塵埃裡？

她那麼記仇的一個人，父親和繼母對她不好，吵架的時候拿痰盂打破她的頭，她一筆一筆都記在文章裡，昭示天下。

她那麼愛計較，自己的親弟弟找了幾位同學一起辦報紙，知道姐姐是文壇名人，登門請求姐姐給年輕人賜篇稿子，張愛玲以新刊物沒有名氣，會敗壞自己的名聲為由，斷然拒絕。

她那麼驕傲，為了愛情，卻願意做任何事。和張愛玲結婚後的胡蘭成，到漢陽辦報時出軌了，對象是在武漢的醫院護士小周。他寫信告訴張愛玲這件事。張愛玲是那麼妒忌的人，回信說：「我是最妒忌的女人，但是當然高興你在那裡生活不太孤寂。」

幾個月後，日本投降，國民政府公佈了漢奸通緝名單，胡蘭成赫然在內。胡蘭成一路向南，逃到溫州後，又出軌了，這一次的對象

是同學家的庶母範秀美，還導致她懷孕。因為孩子實在是沒有辦法生產下來，而溫州的醫療條件又不好，所以胡蘭成托姪女青芸給張愛玲遞了張紙條，讓她幫忙。

青芸帶著範秀美到上海找張愛玲，她在公寓門口看著範秀美，無話可說。她也知道是範秀美懷孕要流產，閒言不敘，拿出自己的金鐲子遞給青芸說：「當掉吧，拿去給範小姐做手術。」

張愛玲因為和胡蘭成結婚的關係，抗戰勝利之際還背上了勾結漢奸的罵名，當年上海灘最才華橫溢的女作家，被輿論攻擊為文化漢奸，張愛玲只好無奈遠走香港，然後移居美國，再也沒有回到上海灘。

最後末了，胡蘭成居然說了一句讓人咬牙切齒的話：「我的驚豔還是在懂得她以前。」

除了張愛玲之外，胡蘭成一生有大大小小八段感情之多，歷史證明了這位風流才子，感情生活真的沒有那麼如意。再說大才女張愛玲，雖然愛一個人的時候可以低到塵埃裡，可是又有多少人會真正愛著塵埃裡的你。

這樣的感情就像是皮厚餡薄的包子，外表看起來都是漂亮的褶子，一口咬下去，食之無味，棄之可惜。

02

在臺北的時候，好友阿當老師推薦我看一部電影，名字叫做《從你的全世界路過》。裡面講了三段感情故事，其中豬頭和燕子就是這樣的相處模式。

燕子長得很美，是大學校花，豬頭人如其名，不帥，憨厚。他本來和燕子不搭，但是在燕子受到千夫所指的時候選擇相信她，成為她的依靠，所以他們才能在一起。

豬頭是付出型的人格。燕子喜歡化妝買衣服，他就去打工掙錢，給燕子花錢；燕子出國留學，他跟燕子視頻連線也是覺得開心。逢人就說自己的女朋友特女神，特漂亮，喜歡對著照片說：「哎呀！真好看。燕子，你怎麼這麼好看呢。」一天打幾份工努力攢錢，只為了燕子回國之後，給她一個安定的家。

盼星星盼月亮般地把女朋友盼回來了，在求婚現場，沒想到卻是等來了分手的消息。

燕子是這麼說的：「我覺得分手這事在電話裡說不合適。」分手的時候，燕子坐上計程車絕塵而去，豬頭哭著追車，大喊說：「燕子，沒有你，我可怎麼辦啊！」

確實，對豬頭來說，燕子就是他的全世界。只是，從他的全世界路過，不帶走任何的吉光片羽。

豬頭對女朋友是真好，好到憨得不得了。褪去一身驕傲，卻成為感情的負累。藝術家可能會歌頌這樣的人，可是感情裡這樣的憨，往往讓感情千瘡百孔。

表面看起來他付出了很多，花了很多的錢，給了很多的愛，可是他對於另一半的關心也就是吃沒吃飽飯、睡沒睡好覺，學習苦不苦，錢還夠不夠花，這不就是典型的爸爸或者是爺爺對晚輩的關心方式嗎？所以豬頭給予再多，對於燕子來說，他也是不夠好的，因為他沒有才華，沒有自信，他無法做到和心愛的人平等交流。

正如《簡愛》所說：「愛是一場博弈，必須保持永遠與對方不分伯仲、勢均力敵，才能長此以往地相依相息。因為過強的對手讓人疲憊，太弱的對手令人厭倦。」

低到塵埃裡，就會開出花來嗎？也有可能就萎謝了啊，就像張愛玲對胡蘭成那樣。

低到塵埃裡本身並沒有錯，錯的是大多數人並不會領情。對一個人無條件的關懷，人家往往不會珍惜。所以古人把驕縱的妃子叫寵妃，跋扈的近臣叫寵臣，喜愛的小玩意兒叫寵物，「寵」這個字本身就帶有過度的意思。

不是誰生下來就是天生一對，良好的感情也是一種博弈，別把感情中的自己弄得跟倒貼似的。花無百日紅，有一天愛上你的理由也會成為分手和始亂終棄的藉口。

感情裡最不能做的事情就是低到塵埃裡。要像女人警惕自己臉
上的膠原蛋白和男人恐懼自己的髮際線一樣，警惕這種傾向。

談一場高高在上的戀愛，和勢均力敵的人結婚，在感情當中，
不要表現出極端的虛弱。如果一段感情走到盡頭，永遠是虛弱的那
一方，一哭二鬧三上吊。眼淚換不回任何東西的。

畢竟，當已經低到塵埃裡，也離塵埃不遠了。

孤獨是此時的我手中最好的一張牌

01

二十多歲到三十歲的人生，最重要的莫過於有一件喜歡做的事情，還有一個喜歡的人。

我的作家朋友看起來就沒有那麼幸運，她在 29 歲的時候遇到了感情挫折。分手的原因是公司要派她到北京工作，但是她的前男友在深圳已經有了自己的事業，不願意做溫莎公爵，為了美人放棄江山。

作家小姐收拾好自己碎了一地的心到了北京，她不知道未來在哪裡。會有人願意來愛自己嗎？會有人丟下一隻眼睛來關注自己嗎？已經快三十歲的人了，優質男生早就都結婚了。

孤獨終老這件事情，想想就覺得可怕。

作家小姐到了新公司，很快就被對面座位的男生追求，男生不高也不帥，手掌寬厚，表情木訥，同事們都說他是個沒有什麼戀愛經驗的老實人。

老實人倒是深情，早上準備好五穀粥放在保溫罐裡送到作家小姐的辦公桌上，中秋節抱著一大盒蓮蓉餡兒的月餅在她家門口苦苦

等待，毫無怨言，敲門沒反應依舊是等上好幾個小時沒走。

作家小姐開門連說抱歉，老實人很有君子之風，淡淡一笑說：「沒事，裡面還有一份年度工作心得體會，我幫你寫好了，你安心寫稿吧。」

很暖對不對？

作家小姐正巧翻朋友圈看到前男友高調曬新歡，氣得五臟俱裂，轉頭就給老實人先生發簡訊：「我們在一起吧。」很快就傳來作家小姐和老實人先生閃婚的消息，婚後搬進了老實人貸款買的小套房，過起了小日子。

我們都覺得老實人上輩子肯定燒了好香，才能賺到這麼一位心高氣傲的仙女，儲值話費送手機都沒有這麼划算的啊。

之後的劇情就有點急轉直下了，在工作場合裡見到作家小姐，她總是神采奕奕，但是私底下約她吃飯，卻一副心事重重的模樣。

結婚後老實人先生家務照做，衣服全包，但就是很喜歡調查她，看手機，跟蹤，天天為了一點芝麻小事就不開心。作家小姐不堪其擾美其名曰我在乎你：「你在乎我哪一點，我改還不行？」」

有一次他們一起去旅行，平時就大大咧咧的作家小姐，居然把婚戒弄丟了。老實人先生開始了對她無邊如黑夜的冷戰。作家小姐

沒有還擊，沒有道歉，也沒有尋找。她在深深的冷漠和絕望當中，做出了一個決定——

離婚，淨身出戶[2]。

作家小姐以為而立之年被嫌棄被甩，已經是低谷，觸底反彈之後走的都會是上坡路吧。沒想到還是低估了困難，高估了自己。

我陪著作家小姐去買象徵獨身的尾戒，她說：「當時如果能夠熬過孤獨，熬過這手爛牌，一定能迎來好牌。」

02

我有一位大學老師，生在蘇杭，長在北方。她個子很高，頭髮總是挽成很緊的髮髻，喜歡穿立領旗袍，髮髻低垂剛好搭在領沿處，看起來獨立又知性。

哲學系的女教師本來就少，但是她只要站在講臺上，馬上能展現出風采，自帶氣場，聽她說話四十分鐘，你絕對不會睡著。心裡除了佩服人家口條俐落，學問高超之外，無他。

她五十年的人生當中都沒有結過婚。單身的女人在這個表面上看起來開放，實際上依舊森嚴如鐵桶。在一般森嚴的社會裡，要遭遇多少非議，我不知道。

但是我聽到的就是，人人都愛議論她的情感狀態。有人說她太強勢，有人說她不好看，有人說因為她學哲學學到腦子壞掉了，所以才養隻狗當兒子。

確實，她長得沒那麼好看，但是比她醜太多的，都結婚生子當外婆了；她個性沒那麼溫柔，但是比她強勢多的，也都有人相伴啊。

她從來不避諱談自己在感情上的非主流，有一次她出國當訪問學者，要離開半年，臨走之前宴請同學，笑著說現在的生活很好，身邊有可愛的學生，家有慈愛老母，最近的期望就是，如果能夠在人生的下半段再遇上知音，那就是錦上添花，是很大的福氣。

最近聽說老師結婚了，先生是旅居海外很有名的學者，差不多是同齡人，學問紮實，博古通今，而且還是著作多本暢銷書的作家，和老師學習型的性格很搭。

那天看到他們在朋友圈裡面發了一張照片，是友人幫忙拍攝的。兩個人在書房裡面，分別坐在一前一後兩張長桌前，一個人伏案寫字，一個人手執書本，看起來簡直就是歲月靜好。

她一直想追尋的錢鐘書楊絳式的愛情，老天磨磨蹭蹭的，終於給她了。

如果最後遇見的是你，之前多走一點彎路也沒有關係。

03

　　我的研究所同學中有一位不婚主義者。他研究道家研究了十年時間，很多知識比老師還豐富。

　　這位大師平時喜歡獨來獨往，不和男生親近，也不和女生來往，吃飯像德國哲學家伊曼努爾・康德（Immanuel Kant）一樣準時，每天中午 11 點和下午 5 點，一定能在飯堂門口看見他的身影。

　　愛好比較單一，也就是**斷食**，不吃五穀雜糧以及打通任督二脈之類的事情。可能他練功真的有效，所以看起來如童顏般年輕。

　　有時候，運氣好能和大師一起用餐，聽他滔滔不絕地跟我們這些麻瓜們說：「自己的任督二脈又通了一節，天眼也打開了，看見了兩個小鬼在自己床下，特別討厭。最近打算找高人來給自己關上……」

　　大師是拒絕結婚的，因為覺得自己獨來獨往挺好，不用為別人的情緒負責，也不用擔心自己等不到對的人。看到身邊戀愛的人，有從天才變成傻子的，實在是痛心疾首，更加拒絕跳入火坑。

　　「不孝有三，無後為大……你的父母能接受嗎？」我問。「我的爸媽很明智，給我生了一個弟弟。據我觀察，他對於女色從小就展現出了極大的興趣，所以傳遞香火這件事情他來完成就好了。」

所以說，每個人的人生都有不同的樣態，不要覺得自己是少數人。也可以說，每個人是一座孤島，但又可以是一個世界。

04

　　我不會說孤獨比熱鬧更美好，同砒霜一樣的話，因為會說出這種話的人，自己都不信。

　　所有人都沒那麼喜歡一個人喝酒，踩著板凳換燈泡，胃疼的時候找不到人，只能叫外賣。如果上天足夠眷顧我，我倒是願意有個青梅竹馬，父母是世交，我們三歲就認識，從小一起長大，然後到了合適的年齡，歡歡喜喜、順理成章的攜手白頭。感情這件事情，分分合合總歸是太虐心了。

　　所以說，我們總喜歡兩個人，不喜歡一個人。難受的你，有兩個選擇，第一，繼續孤獨；第二，找個人結束這種孤獨。我見過很多朋友，為了結束孤獨而找另一半，到頭來發現生活比電視劇還灑狗血，而且往往是一開始你覺得有點不對勁的事情，到最後會被證明真的是不對勁。

　　如果你的手裡握了一張爛牌，匆忙地結束單身生活，結果往往就不是好和不好的問題，而是差和更差的問題。

　　不要因為饑腸轆轆，就吃冰箱裡的過期罐頭。

刻意要擺脫孤獨的人，往往不會過得更好，只會更差。

也許這個時期的你，手裡能拿的是孤獨這一張爛牌，但是和其他牌相比，比如冷暴力、吵架、仇恨、離婚、欺騙和身在曹營心在漢相比，孤獨反而是最好的一張牌。起碼，你可以為自己的生活負責；起碼，你不用來收拾殘局。不就像是作家小姐一樣，還要收拾身心，重整河山。

而且從讀者提問的情況來看，結了婚糾結婚姻問題的，比糾結大齡未婚，糾結終身不婚，要來得多。

婚姻這回事兒，三分天註定，七分靠打拼。你可以不戀愛，但是一定要去約會，這樣你會知道這個世界上同類很多，優秀的人也很多。

高圓圓、大S，都是30多歲才結婚，現在都很幸福。也可以像大師同學一樣，我自私自利，我無法無天，我就是不結婚，謝謝。

因為孤獨是此時的我手中最好的一張牌，我還不想這麼快就打出去。

沒有該結婚的年齡，只有該結婚的感情

01

在辦公室和小 A 看了兩集《花樣姐姐》，本來對這個節目沒抱太大希望，看完之後感嘆志玲姐姐簡直是女人的終極夢想，不僅膚白貌美氣質佳，逆天長腿，而且 EQ 巨高，給人的感覺特別舒服。

Henry 和李治廷去給林志玲選情人節禮物，一人看中了一件白色平口洋裝，一人看中了一件粉色荷葉邊長裙。兩個人爭執不下，都覺得志玲姐姐穿自己選的那件更好看，所以索性倆人買了兩件，賭一把志玲究竟會穿哪件。穿一個人買的衣服，就傷了另外一個人的心，看熱鬧的網友甚至在網上發起了一個投票，60% 覺得志玲會穿粉色長裙，40% 覺得志玲會穿白色平口洋裝……

那志玲姐姐究竟穿了哪件衣服？最後節目播出的時候，志玲以極高的 EQ 解決了這個世紀兩難選題。炎炎夏日，她把兩件衣服都穿在身上了！白色平口洋裝穿在裡面，粉色長裙穿在外面，兩位送禮物的男士誰也不用感到自己失敗了。

此外，因為是情人節，Henry 送的禮物是自製的巧克力，裡面裹了螞蚱[1]和螞蟻，據說還是墨西哥當地風味……在座大部分女生吃到螞蟻之後都嚇得亂叫，只有志玲全程保持淡定，嘴巴裡嚼著螞蚱和螞蟻，面部表情雲淡風輕的，堪稱情緒管理大師。

看完節目，小 A 油然而生的第一句話是：「這麼好的人，怎麼到現在還沒結婚？」我本來在想，既然在娘胎裡已經被我媽剝奪了靠臉吃飯的權利，只好在 EQ 這件事情上後天努力了，經她來這麼一說，我倒是覺得不對了：「42 歲不結婚，有問題嗎？」

「娛樂圈晚婚也是那個圈子的特性」，不過我還真的就聽不下去這種奇怪的邏輯──不結婚，不是心理有問題，就是生理有問題。誰跟你說的？

02

我有一個朋友，長得挺好看的，家在東北，自己在北京練得一身求生技能，加上父母慷慨支援，已經全額付清買了房。姑娘今年 35，未婚，無男友。

她模樣中等靠上，身材高挑，嘴巴有點毒舌，那也是獨自打拼練就的金鐘罩鐵布衫。有人私底下議論，說她這麼大歲數沒結婚，一定是有問題：「太強勢啦」、「眼太毒啦」、「工資太高男的有壓力啦」……

我跟這位小姐不熟，但我一聽就不樂意了，你們說的這些，都不成問題好嗎？
「強勢怎麼了，慈禧照樣把咸豐迷得七葷八素的。」
「眼睛毒怎麼了，你去菜市場買菜還得挑挑揀揀呢。」

「工資太高男人有壓力，難不成為了男人的自尊心要求老闆降薪不成？」

最後還揚揚得意地總結說，單身只有兩點原因：「一點是誰都看不上，另一點也是誰都看不上。」

哪來的優越感？

03

對於我們這代年輕人來說，25 歲是個分水嶺， 25 歲時已經結了婚，或者有個穩定的對象能指望著結婚，就叫作正常人，如果你沒有，那就是這個社會的少數人，年紀再大個 5 歲 10 歲 20 歲，就等著感受這個世界滿滿的惡意吧。

「你不結婚，是不是你的眼光太高了？」
「你這樣還想挑什麼樣的？你也不看看隔壁王阿姨家的女兒，高中畢業現在都已經生兩個了！」

前段時間有個新聞說，一個女孩到 25 歲還沒結婚，存好久的工資，滿心歡喜地讓老媽去旅遊，結果老媽說：「買什麼船票，旅什麼遊？你沒對象，我沒心情去！」

大齡的剩男剩女們，整個社會對這個族群的看法就是──

結婚不積極，腦子有問題。

沒男朋友或者女朋友就讓你去相親，你不去就是你性格不好，你去了看不上就說你太挑，你說：「單身又怎麼了，只是不願意和別人湊合」，長輩就會搖搖頭說：「你書讀太多腦子壞掉了」；你說：「我就這樣，挺好的」，老爸一拍桌子說：「我跟你媽身體都不好，你不結婚是不是在報復我們？」

所以，社會對於「剩男」或者「剩女」的態度，已經對這個族群造成了壓迫感。最近有個廣告，女孩 25 歲沒結婚，淒淒涼涼，哭哭啼啼的，覺得自己扯了社會主義後腿。廣告傳到國外媒體，老外都震驚了。

04

線上相親交友網站百合網前段時間因為一則廣告被網友罵翻了，廣告主要在講一件事情就是，你長得好，學歷高，人品佳，人又獨立，這些都很好，但是如果你不結婚，你就什麼也不是，前面這些優點一文不值。

廣告裡有這樣一個鏡頭，奶奶躺在病床上，還惦記著孫女沒有結婚這件事。所以你不管是用什麼方式，相親、買男朋友、找備胎等等，只要是能帶個男生來到奶奶的病榻前，哪怕是騙她也好，讓她看上一眼，這才是孝順。

這不禁讓我想起胡適和江冬秀結婚的時候，胡適雖然萬般不樂意，但是促使他結婚的最強而有力的理由就是——

「吾之就此婚事，全為吾母起見，故從不曾挑剔為難。在家庭關係上，我站在東方人的一邊，這主要是因為我有一個非常好的母親，她對我的深恩是無從報答的。我長時間離開她，已經使我深感愧疚，我再不能硬著心腸來違背她。」

胡適雖然是留美博士，對於家庭的觀念，還是非常傳統的。

05

其實結了婚和沒結婚的，完全沒有必要相互鄙視。人和人的軌跡不同，際遇不同，沒必要覺得誰比誰高一等。

反倒是有些人自己在婚姻裡天天吵架，相愛相殺，又催著沒結婚、在外觀望的人趕緊進入圍城，這到底是什麼心態，是祝福還是報復？我當然同意有些人說的，單身是因為我們還不夠好，可是往往問題是，比我們條件差、脾氣壞、性子急的人，也在戀愛中，也結婚了。

所以結不結婚，何時結婚是個運氣問題，和條件、人品、家世無關。

不結婚的原因有很多，多到不足為外人道。有些人在上一段感

情中遲遲無法走出，有些人在不合適的人身上浪費了太多心力，有些人單著成習慣，有些人高不成低不就，最後單身和單身之間互相鄙視。

沒有人是一開始就打定主意要單身，只是因為在正確的時間、地點和場合，遇到了錯誤的人，而又在錯誤的時間、地點和場合，錯過了正確的人。

誰都想要有個兩小無猜的夥伴，到合適的年齡結婚，不用兜兜轉轉，也不必踏過千山萬水；誰也都渴望愛與被愛，無關距離，也無關現實，只與愛情有關；誰也都想遇到一個人，一拍即合，然後策馬紅塵，望斷天涯路。

可惜大多數人，沒有這樣的運氣。想要甜蜜戀愛，卻虐心分手，無奈相親，卻須挑挑揀揀。擔心嫁不掉，擔心嫁不好，擔心遇人不淑，擔心衣食無著，擔心出軌，擔心劈腿，想要追求，卻又害怕受傷。跌跌撞撞，深情卻都是枉付。

你很好，不好的是那些說三道四的人，以及為你的事情操碎了心，卻總是搞不清楚重點的，我們那親愛的親人們。

如果你還在期待愛情，那麼你終將會遇到那個人，這樣的例子我已經看過太多太多。當與最後的那一個相逢時，你便會相信上天自有安排，也相信你的等待絕對值得。

性格互補的人適合一起慢慢變老

01

錢鐘書的爸爸，著名學者錢基博先生，見到楊絳的時候這麼評價自己的兒子：「他知識淵博，為人仁厚，就是孩子氣，沒正經，他應該找一個嚴肅的妻子，經常進行管制，才能成為合格的丈夫。」

楊絳和錢鐘書在英國牛津上學的時候，楊絳先生簡直是家裡的頂樑柱。

錢鐘書說：「我把墨水瓶打翻了，把房東家的桌布染了。」
楊絳說：「不要緊，我會洗。」
錢鐘書不相信，說：「那是墨水呀！」
楊絳說：「墨水也能洗。」

過了幾天，又說：「我把檯燈弄壞了。」
楊絳說：「不要緊，我會修。」
再過了幾天，錢鐘書說：「我把門軸弄壞了，門不能關了。」
楊絳還說：「不要緊，我會修。」

楊絳是才女，但是為了讓錢鐘書有充足的時間創作，她做過各式各樣的工作。她是大學教授，還兼任高三的英語老師，還兼職給有錢人家的大小姐補習功課，貼補家用。最難熬的那段時間，她自

己和煤末，燒煤球。

錢鐘書說自己一生最大的幸福就是娶了楊絳，說她是最賢的妻，最才的女。遇到她之前從未想結婚，結婚之後從未後悔。

自從錢鐘書 1998 年離開之後，楊絳一人在思念中走到生命的盡頭，享年 105 歲。有人問她，把錢鐘書寵到生活不能自理，會不會很累？楊絳說：「不會啊，我保全了他的天真和淘氣，我功莫大焉。」

02

1927 年，17 歲的富家小姐張兆和，在中國公學讀書。出身大名鼎鼎的合肥張家，四個姐妹都是知書達理的校花級人物。張兆和也是，她是張家三妹，皮膚黑黑的，但是眼睛很亮，臉盤圓潤，下巴微尖，有黑鳳凰的美稱。

她選修的現代文學課上，老師來了。這個老師瘦、弱、年輕，帶著眼鏡，斯斯文文，別的特點沒有，感覺就是緊張。緊張到一句話說不出來，沒辦法了，他轉過去在黑板上寫下幾個字：「第一次上課，見你們人多，怕了。」

張兆和覺得特有意思，回去跟她姐姐說：「今天來了個教現代文學的老師，老師上課說不出話來的樣子真有趣。」

這老師是來自湖南省鳳凰小鎮的沈從文，後來成為當代著名的小說家，《邊城》是他的代表作。

中國公學是什麼樣的學校呢？知名校友有胡適和寫《中國哲學史》的哲學家馮友蘭，胡適當時已經當上中國公學的校長了。

在這裡當老師，要麼是出身書香世家，最起碼家裡有人考取過前清的功名之類的，要麼就是在國外留過學，徐志摩、梁實秋、聞一多等均是留英或留美的高材生，冰心、凌叔華、林徽因都是喝過洋墨水的。

那沈從文是什麼背景呢？

沈從文，1902 年出生於湖南鳳凰，最高學歷是鳳凰縣高級小學。家境貧寒，15 歲參加遊擊隊。最安逸的生活，就是能連續幾天睡在同一張床上，最好的飯菜，就是把豬肉切成方塊，煮在豆芽菜湯裡面。行軍、拉船是他生活的全部。

20 歲的時候獨自一人到北京，國語說不好，寫小說連標點符號都不會用，冬天窮到屋子裡生不起火來，就自己圍一床被子，不停的寫。

結果，年紀輕輕，白話文小說得到了胡適的讚許，而且以大兵出身，小學學歷，當上了大學教授。

沈從文當了老師之後，一眼就喜歡上張兆和，開始追她。

第一封信寫的就是：「不知道為什麼，我忽然愛上了你！」

張兆和沒有在意，她把自己的追求者編了個號碼，沈從文被編排在青蛙 13 號。這個世界青蛙太多，張姑娘要專心地等待王子。

他半年之內寫了上百封情書。

當張兆和看見信中有一句話叫做：「我不僅要得到你的靈魂，我還要得到你的肉體！」張小姐很崩潰，她直接去找校長胡適，說這個沈從文老師腦子有毛病，天天騷擾自己。胡適覺得沈從文這個年輕人挺好的，他以後會是中國寫小說最好的人，要張兆和相信他，這樣的青年她值得擁有。

張兆和那時候 20 歲，堅定的表示不喜歡沈從文老師：「胡先生只知道愛是可貴的，以為只要是誠意的，就應當接受，他把事情看得太簡單了。被愛者如果也愛他，是甘願的接受，那當然沒話說。他如果知道如果被愛者不愛這獻上愛的人，而光只因他愛的誠摯，就勉強接受了他，這人為的非有兩心互應的永恆結合，不但不是幸福的設計，終會釀成更大的麻煩與苦惱。」

胡適人脈廣泛，人緣很好，特別喜歡給人說媒，而且一撮合一個准。被小姑娘一口回絕了，胡適也很意外。

他就給沈從文寫信說，「這個女子不能瞭解你，更不能瞭解你的愛，你錯用情了……愛情不過是人生的一件事，那些說愛情是人生唯一的事，乃是妄人之言。我們要經得起成功，更要經得起失敗。你千萬要撐住，不要讓一個小女子誇口說碎了沈從文的心……此人太年輕，生活經驗太少……故能拒人自喜。」

但是沈從文並沒有放棄，他是摩羯座的，摩羯座認定了就很深情。他給張兆和寫情書，連續寫了三年。他還對張兆和的閨蜜講：「我要等她五年。」後來又變成：「等到 30 歲」，最後變成：「我要等她一輩子！」

互通書信三年，張兆和終於同意。沈從文想要求婚，所以說想去安徽合肥看看張兆和，順便也看看張家人的態度。但是他沒什麼錢，又想給心上人買禮物，怎麼辦呢？

他把自己一本書的版權賣掉了，然後托自己的朋友巴金，買了托爾斯泰、屠格涅夫等人的小說，專門買的精裝硬皮本的，去登門拜訪。

張兆和不善於表達感情。但是張家人都特別喜歡沈從文，也都很熱情。沈從文雖然是大兵出身，但是舉手投足斯斯文文，看起來就是一副文弱書生的樣子。

沈從文雖然講課不怎麼樣，但是特別會講故事。小五弟弟最喜歡沈從文，喜歡到自己有兩塊錢零用錢，就專門給他買一瓶汽水，

表示喜歡聽他講故事，讓他繼續來，常來。

沈從文回去之後，給張兆和寫信，說：「如果爸爸同意，就早點讓我知道，讓我這個鄉下人喝杯甜酒吧！」

張兆和的姐姐張允和收到之後就樂了，發過去一份電報，就一字：「允」。

張兆和擔心沈從文看不懂，又發了一份電報過去：「鄉下人，喝杯甜酒吧。」據說，這也是中國最早的白話文電報。

沈從文和張兆和於 1933 年在北京結婚，一生幸福。

03

有一種性格色彩學說，把人的性格分成四種類型，大致上沒錯。

這個理論是這樣的，黃色性格的人是強勢的、目標感強的，兩個黃色性格的人在一起就比較容易火拼，因為雙方都太有想法了。黃色性格最好和綠色性格在一起，綠色性格與世無爭，好相處，但是目標感不強，需要人推動，所以很互補。

從日常生活的經驗來看，確實是這樣。

一段關係中總有一個人強勢一點，或者剛開始有一個人強勢一點，後來另一個才跟著強勢一點，如果真正喜歡，並不會覺得這樣做會讓自己有多麼難受。

　　有句話說得很對，意思是**個性相似的人適合玩鬧，互補的人適合慢慢變老**。

　　獨立的人格都是童話裡騙人的，難道群居不是為了取暖和依賴？決定履行一段感情，難道不是為了變成更好的人？

　　不同世界的人在一起最好，那樣就多出了一個世界。

　　在一段好的感情，兩個人一定是互補的。我有一瓶紅酒，你有一個開瓶器；我這邊傾盆大雨，而你正好帶了一把傘。

　　遇上這樣的人，就微笑著邀請他共度餘生吧。

不能審醜的愛都不是真愛

01

漢武帝有位寵妃，歷史上稱作李夫人。李夫人本是武帝姐姐平陽公主家眾舞女之一，身材纖長、姿色美艷，但是身處萬花叢中，一直沒有上位的機會。

有一次武帝到平陽公主家做客，宴會中間，平陽公主讓舞女們出來演了一個節目，李夫人一曲舞蹈，看得武帝丟了魂，當場決定把她招到宮裡，封為夫人，地位僅次於皇后。

自從有了李夫人，武帝對於後宮佳麗就沒有什麼興趣，而且因為李夫人太迷人，武帝還荒廢了一陣朝政，不過稍後還是給找回來了，畢竟武帝是個以事業為重的皇帝。

李夫人躥紅的速度很快，按照這種上升勢頭，她前途一片大好。不巧的是，剛生下個兒子，她就病了。她一開始臥床，誰也沒有在意，畢竟她本來就瘦弱，加上又剛生了孩子，調理一下應該也就差不多。只是沒想到，她的病情朝著萬劫不復的道路上一路狂奔，惡化速度之快，連她自己都感覺到時日無多，要考慮身後事了。

眼看自己無緣再進一步，我命由天不由我，那兒子的地位還是要保住的。

李夫人在病榻仔細思索了自己的核心競爭力。她認為自己能有今天，除了肚子爭氣之外，還有就是年輕貌美以及能歌善舞。現在舞是不能跳了，顏值處於低谷，而且沒有觸底反彈的跡象，核心競爭力的巨輪說沉就沉，自己歸於塵土，兒子怎麼辦？

所以李夫人想了一計，很小清新，但苦了自己。是什麼呢？就是對於武帝三番五次的見面要求堅決拒絕。堅決到什麼程度？武帝來一次兩次她不見，第三次人家都衝到帷帳前面了，她死死扯住帷帳不讓看臉，搞得武帝大發雷霆，自己回去了。周圍的人快嚇傻了，埋怨李夫人怎麼可以惹得龍顏大怒，皇上怪罪下來，一圈人都得死。李夫人說了一句名垂千古，可以寫入《深宮指南》的話──

「以色事人者，色衰而愛馳，愛馳則恩絕。」

也就是說，把最好的一面留在皇上心裡，給他留個念想，他念著你的好，自然會善待你的孩子，一舉兩得。

李夫人確實是很聰明，因為歷史證明，此後事情的發展，完全是按照她的設計來進行的。她成為漢武帝心頭上念念不忘的白月光，子憑母貴，她去世了，武帝念著她的好，所以給他們的兒子也封了侯，有個不錯的去處。

確實，從史家角度看，李夫人走了一步好棋，可是話又說回來，一代絕世佳人，走得真是淒淒慘慘。沒人管沒人陪，而且生怕自己的病容武帝那顆玻璃心看不了，生怕多看一眼而失寵，生怕自己死後宮裡那些人會用一萬種方法讓人死不瞑目。

從利益的最大化角度看起來是好的，從當事人的感受來看簡直是讓人無語。

說好的無論健康與疾病，富有與貧窮，都要說「Yes，I do」呢！這和相親節目裡面的——
「女嘉賓，我只愛你長得漂亮，你會不會介意？」
「男嘉賓，我只愛你的錢，你能不能接受？」

是一個道理，都屬於自私自利的一種，你不值得擁有。

姑娘，下輩子投胎，寧死鄉田籬下椿，也別再嫁入帝王家。

02

李敖第一次見到胡茵夢的時候，驚為天人。據大才子李敖形容，胡茵夢的美是一種在大庭廣眾裡面，在幾百人幾千人之中，你一眼就能看到她，他形容為「為之目奪的美」。

胡茵夢當時已經是很有名的演員，被媒體喻為樣貌最古典的美人。只不過兩個人結婚才四個月就離婚，離婚的原因，李敖對外宣稱說，是因為看到胡茵夢這樣一位大美女，不僅每天也要吃喝拉撒，而且居然會在馬桶上做出猙獰的表情……大才子表示仙女下凡實在是令人大失所望，所以，離婚。

離婚之後，胡茵夢便漸漸淡出影壇，轉向心靈成長領域。

很久之後，李敖在電視或者平面媒體媒上都沒有放過這段感情。他說：「前妻是最可怕的動物，胡茵夢的名字裡就有自我毀滅的因數。胡茵夢從小能過上還不錯的生活，主要是因為她的爸爸在年輕時候委曲求全……」

其實我在想，如果不是和李敖的桃花劫，胡茵夢現在的地位應該和林青霞差不多吧。

後來有人向胡茵夢求證這件事情，胡茵夢已經處在另外一種人生軌跡當中。她淡淡地說：「同一個屋簷下，是沒有真正的美人的。哪有什麼男神女神啊，不過都是吃五穀雜糧、有喜怒哀樂的普通人罷了。」

那些只愛你的明麗動人，而不能接受你的脆弱狼狽的人，是不配說愛你的。

李敖和胡茵夢離婚的原因確實不止這一個，關鍵是拿這種亦真亦假的橋段到電視上揶揄前妻，也實在是只有李大師這樣的才子才做得出來吧。

在一起的時候各種糾結也就算了，分開之後安安靜靜地做一個好前任不好嗎？生活就是要落實到柴米油鹽，有誰真能像是《莊子》書裡面描述的藐姑射山的仙子一樣，是不食人間煙火的？

03

　　各式各樣的情感專欄總是苦口婆心地教育我們，感情當中，還是有分寸點兒好。各領域的情感專家也都提倡著，我們應該以日本女人為最高目標，在老公睡著之後卸妝，在老公醒來之前爬起來化妝，讓你的老公每天看到你，都是帶著淡妝笑臉盈盈的樣子。

　　幹麻搞得這麼複雜，養一個田螺姑娘[3]不就行了嗎？除了賞心悅目，挑水做飯也都包了。

　　所以，我反對在愛情中任何形式的玻璃心，尤其是反對不以關心為前提的玻璃心。你只看見她走下舞臺的樣子不美，你有想過她是為什麼不美，有問過她，她是不是最近生病，身體不舒服？你看到她上妝的美麗，你有沒有覺得，她素顏的樣子會更加自然可親？

　　對大多數人來說，審美的能力與生俱來，有錢的、有權的、顏值高的、身材好的，可是審醜的慈悲，需要後天學習。美和醜，好和壞，是一個人身上硬幣的兩面，而且意味著你對於這個人雖然有審美的吸引，也要有審醜的慈悲。

　　梁家輝 2009 年宣佈大幅度減少拍戲數量，把主要的時間都回歸家庭。媒體拍到他牽著一位體態臃腫、衣著普通的中年女士上街，記者和影迷都震驚了，更震驚的是，影帝到現在還沒有緋聞，沒有換太太。

　　其實梁家輝的太太在年輕的時候也是大美女一枚，當時梁家輝

沒有名氣，娶到江嘉年覺得自己像是中了彩票，香港媒體也深有同感，所以梁家輝結婚的時候，香港媒體的新聞標題是《梁家輝娶了個人人稱讚的老婆》。

只是江嘉年婚後生了一場病，吃藥之後身材就開始發胖。

藥物作用再加上美人遲暮，江嘉年的臉已經毫無美感可言，不過梁家輝每次上街都被拍到緊牽著江嘉年的手，有時身後還跟著兩位漂亮女兒。有好事者實在是好奇影帝的心理活動，還有人揣測說，會不會是形婚？

梁家輝的回應是：「我覺得我的太太愈來愈美了。」

04

我上社會學課程的時候，老師講過一個理論，就是美國社會學理論家厄文 · 高夫曼（Erving Goffman）提出的臺前和幕後理論。每個人都像是舞臺上的演員，演員的狀態分為幕前和幕後，在舞臺上面對觀眾，演員是精緻的妝容和完美的狀態，可是在幕後的狀態是戲服擺了一地，素顏要上妝，台詞沒記熟……

幕前光鮮的狀態是給別人看的，幕前的鬆弛、緊張、疲憊和顛三倒四，是給自己和最親密的人看的。

有些人什麼都見不得，見不得素顏，見不得換髮型，見不得生病，見不得生活每況愈下。

膽子這麼小，算什麼最親密的人？
愛情這種東西，膽小怕事者，勿近。

我們都是這個世界上渺小的存在，在一起的機率更是渺小中更加渺小的可能性。愛上，只用了 1%，剩下的 99% 需要用行動去證明。

見過你溫文爾雅，見過你撒潑耍賴；見過你淡定從容，見過你歇斯底里；見過你得意時自命不凡，見過你失意時謹小慎微；見過你的顏值巔峰，到了美人遲暮、英雄白頭，依然覺得你無與倫比；見過你生命力滿格，也見過你病病歪歪。

正因為見過不好的你，才更加珍惜美好的你；也正因為見過美好的你，才對於不好的你，心懷慈悲。

愛就是在一起說很多很多廢話

01

那天看一本雜誌，演員張靜初接受採訪，問她理想的愛情是什麼樣的。她說自己也不太清楚，但是她拿這個問題問過自己的好閨蜜，閨蜜的回答讓她印象深刻。

閨蜜說：「在一段好的感情關係裡，兩個人像是最好的朋友一樣，可以晚上蒙著被子在被窩裡聊天，一直聊到很久很久。」

這個答案深得我心。

02

說一個我朋友的故事。裴笑笑經介紹和一個男生認識，第一次見面，是在北京文青聚集地，名字叫做藍色港灣。當時他的外表並沒有給她留下什麼特別的印象，小平頭綠毛衣，挺斯文的感覺。

他們約在巴黎貝甜咖啡廳見面，男生訂的地點。裴笑笑以為會先喝點咖啡聊一下，然後找個正式吃飯的地方。結果男生自己點了一份漢堡，裡面有兩個迷你漢堡，只有手掌心那麼大。裴笑笑看這

意思，就是在麵包店吃一頓簡餐了。當時她還發短信跟我吐槽這個男生，說：「太小氣了吧，這麼小的漢堡也叫晚飯嗎？」

而且當裴笑笑因為不知道要吃什麼，要點和男生一樣的漢堡時，小平頭男生讓人很想翻白眼地來了一句：「還是另外選一種吧，這樣咱們倆可以換著吃。」

裴笑笑從這句話判斷，這個人又摳門又古怪，第一次認識，就交換食物，我們很熟嗎？單看初見的感受，應該就不會有然後了。不過她最後還是接受了他的提議，買了一份巴掌大的三明治，再對角線一刀，自己吃一個，分給男生一個，就沒了。

他們坐下之後就開始聊天，據裴笑笑事後補充，二人意外的聊得特別投緣。小平頭男生跟裴笑笑講他到歐洲上學的各種見聞，聊禪修。他們聊哲學，聊經濟，對很多人無從說起的話，到了他們這裡聊得格外順暢。

這頓飯吃得並不稱心，但是不影響他們吃完飯之後繞著藍色港灣遛彎，走了三圈都還沒聊完。快十點了裴笑笑要回去，不然趕不上地鐵，男生送她，又聊了一路。一路上，他們聊得天南地北，唯獨，裴笑笑沒有問男生一月掙多少錢，在北京有房沒房，男生也沒有問這是裴笑笑第幾次相親，家境如何。

如今，小平頭男生和裴笑笑在一起很久了，而且是在一起之後，才瞭解到彼此都是徹底的無產階級。但是沒有關係，他們在一起的

理由就是兩人喋喋不休到了相同的頻率，既聊得來蠻不正經，又扛得住嚴肅認真。雖然小平頭男生後來被證明確實是個精打細算的主，不過在愛人眼裡，已經被算作是會過日子的加分項了。

所以愛就是在一起說很多話吧，我拿我的故事來和你分享，希望你願意來探索我的故事，瞭解，懂得，並且慈悲。

03

打我有印象起，就覺得我外公是個話嘮，不過他話嘮的對象僅限我外婆一個人，跟別人聊天他沒那麼健談，沒那麼愛聊。

外婆開火做飯，他就搬張小板凳坐在廚房門口，講各種各樣的瑣事，什麼 A 超市的芹菜比 B 超市便宜 3 毛錢，門口藥店的香砂養胃丸比隔壁街的那家藥店貴 5 毛錢，辦卡還能打折⋯⋯

外婆到陽臺澆花翻土，他也搬著小板凳挪到陽臺，什麼老李年輕的時候偷吃生產隊的餅乾，老張最近又被傳銷坑騙，老王天天打電話找他下棋，但是不想去怎麼辦⋯⋯

如果我在家，外公會跟我聊上幾句，如果我、外婆同時在家，他肯定視我為透明，外婆在哪間房裡忙，他就牢牢地黏在那間房裡。他有時候會反覆地講著老段子老故事，外婆忙著，聽著，有梗的地方就笑，沉重的地方他們一起緬懷過去，就好像聽到新的故事一樣。

等到家裡有客人來，他立刻切換到國家情懷頻道，舉手投足都特別符合他退休老幹部的身份。

我們每天都說很多有用的話，跟老闆說話，要準確簡練，要擲地有聲，不然分分鐘要你好看；跟同事說話，要拿捏分寸，相敬如賓，不然就讓你見識到什麼叫作禍從口出。

我們把成熟和體面都留給別人，所幸的是，可以把傻話和廢話都留給愛人，因為在這些人面前，我們不必逞強，不必事事懂事。

有好些話，有想說的衝動，可是到了嘴邊，又硬生生地吞了回去，因為覺得矯情，覺得不會被理解，覺得傳播負能量挺不應該。說給愛的人，無需刻意，永遠不用擔心他們覺得你傻你蠢。

04

有一次主持人侯文詠採訪馬英九，問他，當時是怎麼追求太太周美青的？馬英九說：「就是那天我們一起參加露營，兩個人在帳篷外聊了一晚上，就決定在一起了。」主持人不依不饒地問：「聊的是什麼話題？」馬英九想了一下說：「忘記了。就是上學時候遇到的一些瑣事。但唯一記得，聊過之後覺得這個女生很有意思，很想繼續交往下去。」

真是個溫馨的故事。所以，感情裡很好的狀態就是在一起吃很

多的飯，說很多的廢話。

不說話的時候，相對並不尷尬，在這春風四起的時節，聽一曲
《梅花三弄》，南風知我意，吹夢到西洲。說起話來，喋喋不休，
靈感爆棚，告訴你今天發生趣事、瑣事、傻事、混事，然後一起展
望更好的生活。

就以這樣的形式走下去，真真是極好的。

說不清眼前是不是苟且，也顧不了未來的詩和遠方，讓我們此
刻只談論水果和蔬菜，不關心改變世界，只關心這一個你。

據說大S和汪小菲是在晚宴上認識的，然後聊天聊了四天四夜，
就去領結婚證了；趙又廷接受採訪，被問到他和高圓圓如何相處，
他說：「我們的狀態就是狂聊天」；張愛玲和胡蘭成最初在一起的
時候，聊天聊到男廢了耕，女廢了織，才知道什麼叫作山不厭高，
海不厭深。

聽過一句話，是在說：「**你無法保證和一個人永不分別，但你
至少可以努力做到，讓你們的離別配得上你們的相遇。**」

天冷多加衣，吃飽好幹活。有什麼事情比生活的瑣碎本身更重
要呢？因為有愛，所有的煩惱和傻氣，都變得可以言說，可以理解。

對於那個陪我們一起瘋，一起犯傻的人，無以為報，唯有倍加

珍惜。而且，如果愛，就請深愛吧。

唯有愛可以拯救衣品

01

讀者來信說，她老公特別不講衛生，襪子不洗，衣服也不換，每天邋裡邋遢，說他也不聽，買的襯衫西裝褲從來不穿，每天穿得跟沒人管似的，跟他出門都覺得丟人！

有一個殘酷的現實就是，大陸男士的穿衣品味，尤其是四十歲往上，在世界範圍內都是墊底的。

在臺灣坐捷運，同樣都是亞洲面孔，同樣都是年紀差不多的中年大叔，一眼就能看出來誰是大陸的大叔，誰是臺灣的大叔。如果你看到一位中年人，啤酒肚、地中海，油膩膩的一撮頭髮站在額頭上，不笑的時候一臉皺紋，笑的時候滿口黃牙捎帶著跑出一股濃濃的煙味兒，好幾天不洗澡體氣很重，覺得自己超級時尚，穿夾克配秋褲皮帶還要提到肚臍上的時候，那他一定是大陸的大叔，無疑。

好多男士不會穿衣服是有歷史原因的，比如說，從小經歷過自然災害或者整個中國都處於資源缺少的階段，吃飽穿暖就是他們所能夠接受到的全部教育。

有時候和 60 後、50 後吃飯，他們即便是已經身家過億，公司上市，穿著也能邋遢和糟爛到令人髮指。

而且他們對於棕色和深藍色的夾克衫總有令人費解的迷戀，你分不清他們是只有一件衣服，還是同樣的衣服有很多件。

　　他們對於男人穿衣打扮的態度是：第一，男人成功就行了，打扮都是女人的事情。第二，現在有穿的就不錯了，好嗎？我們小時候家裡窮，兄弟五個穿一條褲子，誰出門誰穿！

　　如果長輩們把這種觀念傳給下一代，那麼在這種家庭裡長大的男生對於穿衣打扮自然也不會很在意，這是很普遍的現象。

02

　　對於年輕一代來說，男生衣品堪憂，基本上有兩個原因。

　　第一，你覺得他差，他覺得自己不差。每個工程師都有一件格子襯衫，沒有一件搭配牛仔褲的格子襯衫，簡直不好意思稱自己是工程師。而且格子的密度要和工齡相呼應，工齡愈久格子愈密，這樣看起來才搭配。

　　很多女生都覺得格子襯衫不好看，但是工程師會覺得這象徵著秩序、整齊和品味。在他們的世界當中，穿繡花襯衫和九分褲，搭配牛津鞋？他們拒絕。

　　第二，他也知道自己的衣品很差，但這是有原因的，比如說，

他不想在衣服上花錢，不想逛街，不想搭配，因為浪費時間。

　　有些人是為了節省時間。Facebook 創始人祖克伯，全世界賺錢最快的人，平均每分鐘賺進 440 萬美元。招牌搭配是灰色圓領衫＋牛仔褲＋運動鞋。賈伯斯也是，黑色套頭衫＋牛仔褲＋運動鞋……你可以天天穿一樣的衣服，但是請你保證你不是把同一件衣服穿很多遍。

　　如果你只穿一種款式，那請保證它不是廉價的、起球和掉色的。如果它一定要是廉價的、起球和掉色的，那麼請保證它是乾淨的。

　　有些人則是看見電子產品就走不動，但你拉他逛街他就裝傻充愣，這也不買，那也不喜歡，而且逛一天買衣服的挫敗感，完全無法抵消他的喜悅感。

　　既然他真正喜歡自己的樣子，那我想，無需改變。畢竟，據我所知，真正能改變生活軌跡的人極少。

03

　　換個思維方式，如果你的男朋友不是衣品差和邋遢，而是花心、出軌，你的老公是欺騙、無常和家庭暴力，你該怎麼辦？所以你應該慶幸，他是有不好的地方，但是這個缺陷稍微想開一點兒還是可以容忍的。這樣的男人讓他出軌也是比較難，你這麼愛他都嫌棄他，

那別的女生更加會因為外在的條件而嫌棄他啊。

就像我一個朋友似的，她的男朋友是個胖嘟嘟的富二代，外號魏小胖，她就說：「都沒人看上魏小胖才好呢，都是我的，我的！」

起碼保證了感情的相對穩定性啊。

04

有一句老生常談的話，必須再說一遍，就是——**女人是男人最好的學校。**

好男人都是從好女人手中畢業的。你看到的那些有腹肌人魚線，會哄人會送花，頭上裝一根避雷針，也要高喊說：「你是世界上最美麗的女人」，下雨天會給你送搖搖杯，而不是讓你多喝熱水的男生，起碼都是一路打怪升級到研究所學歷了，都是學有所成，但不幸的是，都沒有留校任教。

其實女生最聰明的辦法，就是選一顆好幼苗悉心培養，最好能留他在校任教，別老想著繼續深造。

馮小剛導演在自傳《我把青春獻給你》裡面說，自己和現任太太徐帆結婚之前特醜，皮糙肉厚沒法看。

馮小剛顏值不高，瘦頭瘠臉，但是還抽煙喝酒自甘墮落，抽了一嘴大黃牙也就算了，關鍵是還能做出來一星期不洗頭、不換衣服的事情。

　　徐帆說，馮小剛在經她改造之前，每天看他都像是剛從野外考察回來，慘不忍睹。尤其是在俊男出沒的演藝圈，讓人看了簡直是生無可戀。

　　馮小剛自己不講衛生，但內心依舊存在著上進的願望。只不過自古願望這種東西，就像是自己的左手摸右手一樣，並沒有什麼用。不過跟著名演員徐老師結婚之後，馮小剛也開始慢慢注意形象了。

　　四川人稱漂亮的女人為「粉子」，妖豔一級的為「巨粉」，次之為「中粉」，我太太徐帆屬於「去污粉」。

　　為什麼這麼說？因為徐老師潔身自好，眼睛裡揉不得半點沙子。不光是做人，生活上愛乾淨也是出了名的。這一點很像我母親，不僅把自己打理得利俐落落，居住的環境多差也是一塵不染，對伴侶、子女的要求也十分苛刻。兩代婦女輪番對我進行清洗整治，令我苦不堪言。徐老師經常一邊掐著我的脖子給我洗頭，一邊打探我的內心世界。

　　她說：「你特恨我吧？」
　　我說：「怎麼會呢？外人都說，我自從跟了你才算找回了點做人的尊嚴。」

這時，徐老師總會得意地說：「這還算是一句公道話。剛認識你的時候，你就像是每天都在參加野外生存訓練，看著人不像人鬼不像鬼。」

我忙討好說：「幸虧遇到了你。要不怎麼人家都說，娶了你是我的造化，沒人說嫁給我是你的福氣呢。」

馮小剛還說：「自己的良好習慣都是在徐帆的帶領下養成的，比如說，每天堅持洗腳，襪子穿兩天就得換乾淨的，小便完了不忘沖水，晚上刷牙，不喝自來水管裡的涼水，吃完飯擦嘴，煙灰不彈到煙灰缸外面，沙發靠墊坐擰巴⁴了，離去前想著把它擺好扶正，掛毛巾時上下對齊，汽車裡放紙巾等等。」

畢竟，對於普通人來說，大部分都是藉由樣貌和身體才能喜歡上一個靈魂和性格。我們確實要跟靈魂和性格相處，但外表卻是接近心靈深處的門檻。

沒有人可以每天端著照片看就能生活，但是，乾淨、舒心的皮囊卻讓人心情愉悅。況且，用愛的力量把他變成一個更好的人，不是最有成就感的事情嗎？

註 1　蝗蟲的俗稱，亦稱蚱蜢。
註 2　不帶走一分一毫。
註 3　具有神力，藏於田螺之中，下凡來秘密幫助人的神女。田螺姑娘是福建省一帶的民間傳說，出自東晉古書《搜神後記》。
註 4　不平整，有皺褶。

Chapter 2

做一個通透的女人，理解複雜，選擇簡單

年輕的時候被有些人欺負，是我們的必經之路，必吃
之苦。但也正是因為這些路和苦，讓我們打怪升級，
累積經驗值。

真正成熟的人生，
就是理解複雜，選擇簡單。

成熟就是理解複雜，選擇簡單

01

昨天我和在中央企業工作的同學吃飯，她大倒苦水。

沒顏值，沒關係，沒手段，就稱呼她為一無所有小姐吧。自從入職的那一天起，她就活在辦公室政治關係的底層。她辦公室三個人，小有關係的郭姐；超有背景的白富美；和一無所有的她。

她日常的工作在一種很尷尬的氣氛中展開。郭姐常常會直接跑到白富美小姐面前說：「哎，親愛的，你沒吃飯吧，我們一起吃飯去吧！」不然就是，「親愛的，你看我在淘寶買的大圍巾，尼泊爾手工的！你這麼白，披上肯定比我好看，我也給你買了一條！」

同在辦公室裡面的一無所有小姐，在這種情況下，被視若無睹。辦公室裡面就三個人，她們看不見她的存在嗎？郭姐就不能 EQ 高、體貼人，像志玲姐姐那樣說一句：「你餓不餓，一起去吃飯好不好？」

郭姐和白富美小姐完全可以，可是她們用不著。因為她們打心眼裡，就沒有把一無所有小姐放在心上。為什麼？因為一無所有小姐不重要。

02

　　我剛開始寫博客，粉絲只有幾千人的時候，有一個擁有好幾百萬名粉絲的媒體人來找我要授權，她想要轉載一篇文章。她是很有名的出版人，也是著名的勵志作家，在都市女性群體當中有相當高的知名度，我還沒有寫博客的時候，就已經聽說過她的鼎鼎大名。

　　媒體人加了我的微信，特別客氣地說：「你好，我好喜歡你的文章。」我當時也挺菜鳥，以為人家這麼說是真的喜歡我文章呢，然後我特真誠地說：「我也很喜歡你們的文章⋯⋯」

　　「那我們可以轉載你的《xxxxx》文章嗎？今天晚上發。」
　　「可以，署名加上原文連結哦。」

　　在沒有原創標誌之前，我的轉載原則是要求加上原文連結的，因為我要保護我自己的智慧財產權。

　　「知道知道，加原文連結。你的事可真多。」媒體人冷不防地就黑臉了，我十分無奈地表示：「這是挺正當的要求吧。」媒體人還生氣了：「正當，對，就你正當行了吧。」

　　之後，聊天介面就顯示，媒體人已經和我解除了好友關係。

　　第二天，我就在新聞裡看到媒體人自己的平臺獲得了天使投資，估值上千萬人民幣，她站在投資人身邊，長髮飄飄，展現出成

功人士的招牌笑容，溫暖，誠懇，令人稱道。

我腦補一下成功人士的心裡話：「我為什麼要對你 EQ 高？不好意思噢，你在我的眼裡一文不值。」

這個世界上，沒有絕對的 EQ 低，只不過因為這個人 EQ 高的對象不是你。

央企郭姐，她 EQ 很高啊。她在分公司上班，老闆要去總公司開會，提前一天就給自己在總公司辦公室的老公打電話：「張總要去總公司開會啦，給安排車位啊！」

第二天還要設定鬧鐘，記事本寫上：「大 Boss 要到總公司開會，打電話向物業確認再三。」

說實話，我從未見過 EQ 如此高之人。知名媒體人呢？投資人不僅投資她的生意，也一定很認可她的人品吧。

03

徐志摩怎麼樣？高 EQ 暖男一枚吧。**「不求你愛我，只求在我最美的年華裡，遇到你。」**徐大才子的原話，靠才華為自己加戲，很有魅力吧？但是徐志摩要跟自己的原配夫人離婚，他說了什麼？
徐志摩：「我要和你離婚。」

張幼儀：「我不離，我懷孕了！」

徐志摩：「那去拿掉啊。」

張幼儀：「拿小孩會死人的。」

徐志摩：「坐火車還死人呢，難道你就不坐火車了？」

張幼儀：「……」

這本來就是一個薄情的世界。又因為有些人飄忽不定的 EQ，看碟下菜的嘴臉，更加艱難。

怎麼辦？

要麼，一笑置之。人微言輕，自古以來都是如此。大多數人對於這樣的壓迫表示淡定與漠視。以卵擊石很爽，但是對於我們來說，沒有人想去做那個以卵擊石的雞蛋。那樣的粉身碎骨太慘烈，慘烈到會讓石頭幸災樂禍，在夢中都能笑醒。

要麼，努力上進。辜鴻銘，國學大師，精通英文、法文、德文和拉丁文，這幾國外語都厲害到能用來文明地罵人的地步。林語堂，用英文寫作在美國成為暢銷書作家，性感女神瑪麗蓮‧夢露是他的粉絲，他說，論英語水準，中國人當中我只服辜鴻銘。

辜鴻銘當時接受了新思想，把大辮子給剪了。後來覺得要表示自己對於中國文化深沉的愛，又把辮子留了起來。走在路上，因為留著辮子被外國小孩用英語耿直嘲笑，以為他聽不懂。辜鴻銘秒懂，英語回敬。

兩個小孩嚇了一跳，心生一計，用法語罵你，你總聽不懂了吧？
結果辜鴻銘又秒懂，用法語教訓了小屁孩兒一頓，熊孩子嚇得就直
接給跪。

04

有句古話，我覺得可以這樣說：

初級一點，看山是山，看水是水。
再厲害一點，看山不是山，看水不是水。
最高的境界，看山還是山，看水還是水。

這句話引申的含義，我理解的是——就是當你不夠厲害的時
候，你會發現這個世界上有太多 EQ 低的人了，而且是毫無下限，
你簡直懷疑，生活在地獄還是人間。就好像郭德綱當年還是一個小
戲曲演員，在天橋劇場演戲，周圍都是些 EQ 低、心眼壞，揣著明
白裝糊塗的妖魔鬼怪。

當你夠厲害的時候，你會發現 EQ 低的人沒有那麼多了。郭德
綱一點一點的鹹魚翻身，發現這個世界除了同行之外，還是有很多
真善美的。

當你又進入到了一個境界，到了「看山還是山，看水還是水」
的境界，你會發現，EQ 低的人還是那麼多，EQ 高的人也還是那麼

多，他們就在那裡，不來不去，不增不減。唯一改變的是你的心態，你的高度。

而且再低的 EQ 也不會讓你難堪，你對他們只有悲憫；再高的 EQ 也不會讓你歡喜，因為你知道一切都是夢幻泡影。外界的評價和對待，不會再對你的世界造成任何打擾。

有一次我看綜藝節目，導師是馮小剛、郭德綱和成龍。一個做武行的小演員，他演的並不是很好，但成龍還是讓他通過了，順利晉級。郭德綱評價說：「孩子，這次讓你通過不是因為你有多優秀，你的表演就我這個外行來看，也和專業的有差距，和成家班有差距。但是成龍導師讓你通過，是因為他小時候吃過苦，他感念你不容易。」

所以我們奮鬥的最高目標就是成為一個性情中人。年輕的時候被有些人欺負，是我們的必經之路，必吃之苦。但也正是因為這些路和苦，讓我們打怪升級，積存經驗值。

你不能要求別人的 EQ 有多高，但你唯一可以做到的是，不被他們所打倒。

真正成熟的人生，就是理解複雜，選擇簡單。

修養不是苛求別人，而是獨善己身

01

上大學的時候和同寢室的室友去上海開會，我們倆都沒拿行李箱，各自背了個雙肩包，裡面裝著笨重的筆記型電腦，換洗的衣服也在裡面，兩個人的包都鼓鼓囊囊的。

剛下火車，就奔去買地鐵票。買票的人超多，隊排得跟春運返鄉似的。我和室友在車上還有說有笑，等到排隊買票那會兒，背包特別重，排隊時間長，已經元氣耗盡，連聊天的力氣都沒有了。

買完票我們就朝地鐵裡面奔，心想早點坐上去，就能早點到住的地方休息。背著大包上車，發現沒有座位，室友說往別的車廂走走看，幸運的話，或許能找到空位。

我作為一個缺乏鍛鍊的資深瘦子，表示實在是走不動了。看著地上也不髒，想也沒多想，在中間的走道，直接坐了下去。當時心裡還挺有怨氣的，覺得主辦單位安排的這是什麼事，老師們都專車接送，學生規格達不到，起碼來輛大巴接駁一下也是可以的吧。

我就這麼跟怨婦似的想著，估計臉色好看不到哪去。有人詫異地看看我，發現有個人像爛泥般地坐在這兒占著道，還一臉大義凜然的樣子，搞不清楚狀況，紛紛繞道走開。

我披頭散髮、自暴自棄的樣子成功吸引到旁邊座位上一位女士的注意。

　　他們好幾個人同行，五六十歲的年紀，都拎著購物袋，像是剛剛購物回來。她特別熱情地站起來，說：「小姑娘，你是不是生病了？來來來，坐我的位子上。」

　　我本來跟霜打的茄子似的在怨恨社會，被她這麼一說，覺得特別不好意思，一下子跟充了電似的連爬帶拽地從地上彈起來，背上的雙肩包也不覺得那麼沉了，我連忙說：「沒事沒事，我不坐。」

　　上海阿姨還是特別熱情，說：「哎呀！小姑娘，誰都有困難的時候，身體不舒服，或者是逛街逛得特別累，就是想找個地方坐一下。你就坐我的位子，我天天坐著，不累的。」

　　這麼說著，她已經從自己的位子上站了起來，使勁拽著我一定要我坐下。旁邊同行的還有一位叔叔，笑咪咪地勸我說：「她讓你坐你就坐吧，你可拗不過她！」

　　上海阿姨用力把我往座位那裡拽，我拗不過她的好意，坐如針氈地呆坐一會兒，她也沒有刻意跟我聊天，笑容可掬地站在一邊，不疾不徐。

　　我坐了一會兒，藉口說馬上到站了，站起來說聲「謝謝」，背著包離開。

走之前，她還問我說：「你是真的到站假的到站？」「真的，真的。」我確實沒到站，但實在是坐得心有不安，**磨磨蹭蹭**挪到很遠的車廂，直到她看不見我為止。

　　就在她微笑著低頭問我說「你坐我這兒，我們每個人都有累的時候 」那一剎那，我意識到自己可以更優雅一點，更為別人考慮一點。

　　其實修養不是你說了什麼，指責了什麼，而是你示範了什麼。修養不是苛求別人，而是獨善己身。

　　結果就是，之後我每次搭地鐵，即使特別累，也會想到要注意自己的儀態，不要給別人添麻煩。

　　那件事情過去很久，我坐地鐵，有個小女孩背著畫板站在我旁邊，一直捂著肚子，然後慢慢捂著肚子蹲下。周圍的人不明所以，撲克臉似的看著，我讓她坐在我的座位上，坐了一會兒，小女孩臉色稍微好看一點了。

02

　　前段時間網上有一個爭論很火，就是有一個博主，在上海的地鐵站拍到兩位年輕女生蹲在那裡，他拍了個背影，配文說：「可能是我老了，很多事情比較保守，但是我就是不明白，為何現在那麼多女孩子不懂教養？等個捷運就可以隨隨便便蹲著，難看不難看？

誰教她們的？這是什麼生活習慣？」

說女孩子蹲在地上不好看，從某種程度上來說，也是一種何不食肉糜，和隨手亂丟垃圾、過馬路亂闖紅燈不同。蹲很難說是有教養沒教養，也許是她們真的是累了或者有別的情況。

就是在處處都透著好修養的日本，我的紅眼航班剛落地的時候，凌晨三點，機場的椅子上坐著睡、躺著睡、蓋著被子睡、脫鞋脫襪子睡的比比皆是，來晚的也不會打擾人家的清夢，只能拖著箱子到處溜達看看。

怎麼沒有見「道學家」上傳網路，這是不是另一種形式的雙重標準呢？

不要因為見過太多兇神惡煞的人，見著《水滸傳》的李逵也說他是李鬼。真正的修養是：當我們不知道別人正在經歷什麼時，不要妄言他人是非。

其實這個世界上，所有標榜道德批評別人的人都是痛苦的，因為他們希望別人都和他相同，像是流水線生產出來的螺絲釘一樣，簡潔又完美。

他們的教條無比高貴，並且神聖不可侵犯，只要你和他們不同，他們就不分青紅皂白地認為，你的劣性純屬疏於管教，需要被回爐改造。

這個世界，有多少修養在被遺棄，就有多少寬容在被忘記。站在道德的制高點評價別人，不冷嗎？把用來翻白眼的眼睛，用來尋找光明，不是更環保嗎？

沒有人是從醜中學到美的，只可能從美中學到美，從善中學到善，從客客氣氣中學會彬彬有禮。

03

前幾年陳凱歌拍的電影《搜索》，影片開頭，葉藍秋到醫院拿體檢報告，報告上說她得了不治之症。葉藍秋恍恍惚惚搭公車回公司，車上有位老人指著她說，現在的年輕人怎麼都這樣，怎麼就不給老人讓座，人心不古，世風日下云云。葉藍秋拒不妥協，拍拍大腿說，你想坐就坐這兒。

視頻傳到網上，葉藍秋各種被道德打壓，最後縱身一跳，真相是隱是顯，留給後人說。有拍照的工夫，怎麼就沒有人站起來說：「大爺，別動氣，你坐我這兒？」

疾惡如仇容易，深明大義難；大義凜然容易，溫柔相待難。粗俗的對立面不是修養，而是俯瞰眾生皆小的刻薄。

靠尖銳獲取優越感的，只能得到尖銳，唯有慈悲和善意才可以化解一切。

我們都是媽媽口中愛炫耀的傳奇兒女

01

根據我這麼多年的細心觀察，發現到絕大多數人的母親都是不炫耀就會難受的人。

前段時間我爸生病住院，他隔壁床的病友是一位要做手術的大叔，大叔的妻子一直在旁邊陪護。那天早上我去送飯，她看見我就跟我聊天：「哦，我看你挺孝順啊，天天又買飯又陪護的。」我特別謙虛說：「沒有沒有，應該的……」話音還沒落，她立馬接上說：「我閨女也特別孝順，哎呀，天天給我買補品，我都說我不吃，她還非要買……」

然後又問我：「現在在哪高就啊？」我說：「在北京」。「北京好啊，大城市……」她停了一下，發現我沒有接話，自己接著往下說：「我閨女在紐西蘭，在紐西蘭讀書呢。」說了半天，原來是想讓我拋磚引玉，炫耀一下自己的寶貝孩子。

我開始寫博客的時候，沒跟我媽講。而且一開始寫的東西也不跟別人分享，所以我早生五十年，搞不好能在情報局工作什麼的。我不跟她講也沒有特別的原因，是基於這二十多年來對於她的觀察和瞭解，她這個人，幹什麼都挺低調，就是在我的問題上相當高調。

她在各種場合宣傳我的美好形象不遺餘力，而且添油加醋頗有想像力。我逛街碰見熟人，經常聽到的一個句式是：「聽你媽說……」

「聽你媽說你去留學啦，英語這麼好教教我兒子唄。」
「聽你媽說你學習真好，苟富貴勿相忘啊。」
「聽你媽說你上大學的時候就寫稿養活自己了，我要讓我女兒跟你交流交流！」

我是留過學，但是現在留學這麼普遍，夠不著天之驕子；現在世道變了，學習好也不代表有光明前途了；我確實喜歡寫東西，但是養活自己也還是後來的事情，不是上大學的時候……

然而對於這種建立在事實基礎上的無限誇大，我竟無力反駁。如果告訴她我在寫東西，在她眼裡我就是未來的諾貝爾文學獎得主了，獲獎只是時間問題。

02

看過太多起起伏伏的人間慘劇，所以自從發現我媽在炫耀她閨女這件事情上，完全無法掌握火候分寸的事實之後，我對她極不信任，而且心生一計，那就是有可能被她演繹的事情，還沒有蓋棺定論之前，一個字都不對她講。平時裡她問呢，就說：「挺好，吃了，有點忙。」

既然我不能讓我愛炫耀的媽懸崖勒馬，我只能管住自己的口鼻身意，從源頭上控制流言的來源，確保回頭是岸。

　　我這麼做主要是為了自己的面子，就拿挫折這件事來說，還是愈少人知道愈好，不然哪天摔個血肉模糊還有人在一旁圍觀，那不是傷口撒鹽嘛。

　　雖然我懂得這麼多道理，但是我在網上寫博客這件事情有一天還是說漏嘴了。鑑於她有案底在身，我多次警告她，看文章可以，約法三章：不許分享到朋友圈，不許告訴外婆、外公，不許向七大姑八大姨宣傳。

　　我媽噤若寒蟬似的點頭應允，某天我發現她在朋友圈轉了我的文章，她是這麼寫的：「這篇文章寫得深得我心。」我腦補了我媽的心理活動，有一種錦衣夜行的不甘心，覺得挺逗樂的。

　　那天我們躺在沙發上看電視，她拿手機給我看，說：「這個女孩在北京開花店，看人家做的博客，挺不錯的。」
　　「你怎麼知道她弄得不錯？」
　　「他爸啊，他爸每天都在朋友圈裡宣傳他閨女。父母嘛，總覺得自己的孩子好，喜歡炫耀一下，就是這點兒心態而已。」

03

　　我知道很多子女都對於父母或者其中一方愛炫耀的行為都深惡

痛絕。我清華大學的同學，他的媽媽特別喜歡問別人家的孩子在哪兒上大學，然後總能把話題引到「兒子是清華大學畢業」這個話題上來。他每次都覺得很尷尬。

我大學時候的老師，四十分鐘的課程一般只會講二十分鐘，剩下的主題就是：「我女兒在牛津上學的時候……」所以上過老師課程的人，都對老師女兒的光輝事蹟無比熟悉，如數家珍。

如果有人看過一部賀歲電影名叫《越來越好之村晚》，裡面就是類似的故事。男主角是喜歡寫作的文藝青年，他買了個假獎，但是他的老爸卻很認真，知道兒子得獎的消息之後高興得奔相走告，讓十里八鄉都知道自己有個出息的兒子了。但是當最後發現兒子拿的獎是假的時候，老爸臉上那個失落的表情，真是讓人於心不忍。

父母們都覺得自己生下了公主或者是王子，並且容易對於子女的未來感到積極又樂觀。其實我們做子女的都知道，強中自有強中手，比你厲害的人多了去了。不過，這次雖然我嘴上沒說什麼，但我必須承認，她這一番樸實無華的真情流露讓我有所感觸。

關鍵是她那幽怨的表情讓我覺得我做了一件辣手摧花的事情，反而讓我心裡有點過意不去。

我內心深知，自己長得跟沒有被王子吻過的灰姑娘一樣，才華可憐得跟掉在天鵝堆裡的醜小鴨沒兩樣，但吊詭的是，這絲毫不妨礙這個人崇拜你，誇讚你，連看你的眼神都是自帶美顏磨皮功能的。

而且，她可能是世界上第一個打心眼裡崇拜你的人，也可能是宇宙爆炸之前，僅存的覺得「你可以，你一定可以的」那個人。那一刻我突然發現，如果我剝奪了她炫耀自己孩子的權利，就剝奪了她很大一部分快樂的來源。

　　就像是著名導演馮小剛說的，他的大女兒出生時先天唇齶裂，他給她取名「馮思語」，唯一的希望就是她能像正常孩子一樣，正常發音，好好活著就行。

　　但是女兒做了手術，恢復不錯，沒有留下疤痕，年紀愈大愈出落的楚楚可人，口齒伶俐，幾年之後他又給女兒改名叫作「馮思羽」，希望女兒以後能展翅飛翔。看來，名氣再大的導演，再鄙視俗不可耐，在自己的孩子問題上，也還是理想遠大，不能免俗。

　　所以當我發現所有人的父母喜歡放大自己孩子的優點，對於缺點視而不見，是基於兩人緊緊聯繫的生命之時，基於子生三年不能免於父母之懷的深情厚誼之時，我對這個問題就不再糾結了。

　　她愛炫耀就隨她去，我只能以不變應萬變，也就是——
要麼表示淡定與漠視，要麼表示理解與配合。

　　其實母親們年紀愈大，就愈像個小孩子。就像是你我小時候會跟朋友們炫耀媽媽給買的新衣服、新玩具，反過來她們現在也很有我們當年的神韻。

像一個可愛的怪圈[5]，而且其來有自。

不管她給了我什麼樣的教益，儘管她的口無遮攔會造成我一定程度上的難堪，我還是必須給予我在這世界上唯一的崇拜者一個熱烈的擁抱，並且擁有她，這已經是生活能給予我最大的便宜。

所以我想，必須對所有的母親說，也許我最終也成不了你口中的傳奇兒女，但我將以無比歡喜的心情捍衛你炫耀的權利。

因為，你的開心，千金不換。

你能不能接受另一半看你的手機？

01

對於男生看女生手機和女生看男生手機這件事情，我在身邊的朋友當中做了一些樣本調查。

A：男，文科博士，27 歲，未婚，有女友。

月收入人民幣 2000~3000 元，來源為學校和國家補助。

性格：性情隨和，長相普通，表情木訥，扔在人堆裡不會引起什麼人注意。

吸引力：研究所時期交到第一任女友，基本沒有桃花。

問：「你能不能接受女生看你的手機？」

答：「女生最好不要，女友可以。我女朋友都是拿過我的手機就看的。我也沒有密碼，她想看就看囉。」

B：男，心臟外科醫生，已婚。

年薪人民幣 100 萬，經常出差出國，交際圈廣泛。

吸引力：年輕的時候無人問津，到了 35 歲往上的年紀，深得年輕女子青睞。

問：「你能不能接受老婆看你的手機？」

答：「本來我的手機沒有密碼，我發現我老婆愈來愈喜歡看我的手機，還半夜偷偷起來登聊天軟體，查我聊天記錄。然後我就設了密碼，她沉不住氣了，就旁敲側擊地問我那個誰是誰什麼的。我

本來從不刪聊天記錄的，但是之後我跟女生說一句話，就刪記錄。主要是我心裡很不爽，我正正經經聊個天，怎麼就被你想得這麼猥瑣？」

問：「那你到底有沒有跟人搞曖昧？」

答：「哎喲喂，常在河邊走，哪有不濕鞋啊⋯⋯」

C：男，程式員，24歲，單身。

吸引力：中產階級家庭，愛講段子，個性幽默。實際是不漏聲色的官二代，愛動漫，一直期待女生發現自己的內在美。吸引力不明，和想要追求的女神都成了閨蜜。

問：「你能不能接受女生看你的手機？」

答：「有女朋友還要手機幹嘛？！」

D：男，公司職員，26歲，有女友。

吸引力：早年父母離異，人前矜持，人後頹廢。表面高冷，其實脆弱。十分看重個人空間，有時候顯得不近人情。但顏值較高，深得文藝女青年和有錢姐姐的青睞。

問：「你能不能接受女生看你的手機？」

答：「不能。有一次女朋友看了我的手機，那時候還是諾基亞手機時代，我就對著她大發雷霆。當時她很委屈，不過之後再也沒看過了。我確實隱瞞了一些事，不是感情不忠，而是家庭的事情，我家裡面有些混亂，還沒有做好準備告訴她，而且我也不知道我們會在一起多久。現在我還是覺得女生最好不要看男生的手機，畢竟，你有秘密，我也有秘密。」

這個問題問女生，回答的口徑是一致的：「我的手機男生隨便看，這是我把自己交付給他的一種方式。然而最傷心的是，我這麼信任你，你卻辜負了我的信任。」但是男生覺得，女生看手機就是要控制他們，讓他們亂七八糟的心更加支離破碎。

所以在該不該看手機的這件事情上，充分體現了——

每個人都是一座孤島。愛一個人愛到塵埃裡，愛到毫無保留，還要提防一顆隨時犯賤的心，讓它對你時刻保持忠誠。

02

其實女生的第六感挺準的，當你沒有那麼愛她的時候，她一定能夠感覺到。

大部分女生的處理方式就是會像福爾摩斯一樣尋找蛛絲馬跡，來印證她心裡的預設。不幸的是，她的預設往往都是真的，甚至比她能想像的還猥瑣，還苟且。

其實女生看男生的手機，不是代表她控制欲很強，而是她的不安全感很強。她們總是非常恐懼以及排斥一些事情的發生，比如男生有沒有愛上別人，有沒有出軌，有沒有腳踏兩條船？她找不到更好的方式，只能是通過看手機這件事情，來確認她的擔心真的沒有發生。而且缺乏安全感的女生總是不自覺地拿自己跟她身邊潛在的優秀同性作比較，她擔心自己不如自己的假想敵。

對於這種不安全感，男生要確定的是，這種不安全感有多大程度會影響到自己的生活或者是事業？

如果她每次都很幽怨地說：「你怎麼都這樣啊……」、「跟哥們兒出去那麼久也不管我……」之類的小心眼，那只能表明，她愛你愛到了骨子裡，這是一件多麼生而有幸的事情啊！

如果需要個人空間，那不妨直接告訴她，這對於你來講有多麼重要，她會理解的。如果她發現的曖昧屬實，那麼如果不愛了，就不要傷害。

相信我，沒有女人無聊到天天想去翻男人的手機。電視上的綜藝和電視劇多到快轉看都看不完，一天到晚要工作要打拼還要貌美如花，她沒有那麼閒。

是灑狗血的愛情把她硬生生地逼成了潑婦，專一都做不到的人是沒有資格博愛的。

03

從歷史原因來看，女人確實比男人更沒有安全感。即便是在現代社會，男人和女人還是有不同的分工，女人在家庭方面的責任更大，她們需要保護，又因此更容易受到傷害。

從生理原因來看，男性可以把自己的祖傳染色體播向人間，讓世界充滿愛，而女人往往只願意將自己的卵子交給一個人，作為一種鄭重的託付。在現實生活中，雖然有男人看女人手機，也有女人看男人手機，但是從比例上來講，女人看男人手機的比例要高，因為女人比男人更加柔弱、敏感，更沒有安全感。

男人總是覺得女人想要佔有她們的全部，但前提是她們還愛你。愛你，所以不厭其煩地給你機會，把刀子遞給你傷害她自己。其實女生要的安全感挺簡單的，當你什麼事都願意和她講，把她當作最好的朋友的時候，就是她最有安全感的時候。別要求女生成熟，等她真的成熟了，心硬如鐵了，她也就沒那麼愛你了。

04

沒有安全感的女生都有什麼表現？不擅長與人交往，喜歡夜晚勝過白天，睡覺時喜歡抱著枕頭；對待另一半像是麥芽糖，黏黏糊糊愛耍賴。去餐廳吃飯首選靠窗和角落的座位。出席生人很多的場合就手足無措，不會搭訕，但是對待乞丐很善良。從不愛疑神疑鬼，

但是眼睛裡卻容不得沙子。在包包、鞋子和很多的愛當中選擇，她一定選擇後者。和男生吵架喜歡冷暴力，習慣於表現得很強硬，但那個時候其實很需要依靠和擁抱。

在這個女人已經可以通過自身努力獲得金錢、職位和自由的時代，女人可以自己取悅自己。淋浴頭壞了關掉水閥就可以換，燈泡壞了踩著凳子也能修；顏值與生俱來，財富自己雙手創造；生死有命，富貴在天。所以女人唯一看中的是她選擇的這位男士，能不能同她相看兩不厭，唯有敬亭山[6]。

不知道在哪兒看過這樣一段文字，男生寫的：「朋友問我為什麼不喜歡去酒吧，我說我開一瓶酒可以和她看 12 部電影，買 80 個 iPhone 殼送給她，買她最愛喝的芒果蘆薈綠茶 32 杯，買她最愛吃的鮭魚壽司 40 份，買 200 朵玫瑰。我可以做太多事讓她開心了，何必去酒吧讓她擔心又不開心呢？」

安全感是什麼？安全感就是和你在一起，摸黑走路都不怕。

真的，有個愛你的人不容易，所以不要在被珍惜的時候，不懂得珍惜。男生是這樣，女生也是這樣。

那些活得精彩的女人，心裡永遠沒有恐懼

01

有讀者發私信給我，說自己的老公最近有點奇怪。「老公總是鬼鬼祟祟地看手機，我就偷偷試了他的密碼，看了他的微信聊天記錄，發現他真的在和一個女生聊天小曖昧。本來我不想說的，但是我心裡實在是藏不住事情，就跟他大吵一架。該怎麼辦呢？是離婚嗎？還是忍著？」

婚後出軌這個問題誰也不想遇到，但是如果不小心中招，先別著急手撕老公，手刃小三。這個時候最重要的事情是：先要問問你自己，你的底線在哪裡？是即便是他出軌還能原諒他，還是這件事情發生了，回家就好？

02

他是大名鼎鼎的洋博士，而她是默默無聞的村姑。他叫胡適，是新文化運動領袖，國民導師，北大校長和駐美大使；她叫江冬秀，是大字不識的村姑，小腳女人，別的頭銜，沒有了。

1904 年，胡適 13 歲的時候，母親做主，江冬秀和胡適訂立婚約。此後，直到結婚的 14 年間，兩個人沒有再見過面。

胡適對於這樁婚姻，是一百個不願意，但是他卻不願意讓母親難過，要留下一個孝順的美名。

1908 年，胡適在中國新公學念書，接到母親要他回家結婚的信，嚇了個半死，他立刻回信列舉出不能結婚的六大理由——畢業不是暑假而是十二月份，經濟條件不允許，結婚的日子不太好等等，目的就是拖拖拖。

胡適情竇初開，是在赴美留學之後，對方是康乃爾大學的美國女孩韋蓮司，胡適欣賞她聰明有思想，學識廣泛，人品高潔，雖然出身富裕，但是衣著低調。「**餘所見女子多矣，其真能夠具思想、識力、魄力、熱誠於一身者，惟一人爾。**」

胡適和韋蓮司的感情無疾而終，一是因為胡適在家裡已經有婚約，二是韋蓮司的母親覺得不同種族通婚有悖倫理，將兩位年輕人硬生生拆散了。韋蓮司似乎從來都沒有忘記胡適，終身未婚。

1917 年底，胡適和江冬秀結了婚。他的母親看著胡適終於結婚，覺得了卻一樁心事，次年，便去世了。胡適雖然並不喜歡江冬秀，可是覺得自己這門婚事無愧祖宗，無愧生養他的母親。

胡適第二段明確的感情，是在他當北大教授的時候。1923 年，胡適向北京大學請一年病假，到杭州養病，江冬秀帶著兒子在北平居住。這時，胡適三嫂同父異母的妹妹曹佩聲在杭州念書，那時她剛剛離婚，原因是夫家嫌棄她不能生育，又娶了一位小妾。

曹佩聲 1902 年出生於績溪縣，她的父親在很早的時候就去世了，母親又是一個封建思想很重的人。1917 年，胡適和江冬秀結婚的時候，曹佩聲是伴娘，當時是胡適和曹佩聲第一次見面，並沒有什麼特殊的感覺。同年，曹佩聲遵照母親的意見，嫁給胡冠英。

　　她和胡適再次相遇，已經是五年後的事，曹佩聲也已經出落成一位亭亭玉立的大姑娘，而且剛剛受到婚姻失敗的影響，悶悶不樂，更是我見猶憐。

　　他們的感情在杭州迅速升溫，胡適稱自己為「煙霞山月，神仙生活」。雖然這三個月的日記裡隻字不提曹佩聲，但是在胡適抒寫杭州美景的筆跡當中，能夠感受到他強烈的快樂。

　　胡適和曹佩聲的交往在朋友圈裡，幾乎是公開的秘密。雖然他在日記裡隱而不談，可是徐志摩寫給胡適的信裡卻有蹤跡可尋，徐志摩信裡常寫到——「曹女士進校了沒有？我真羨慕你們山中神仙似的清福！」「請你替我問候曹女士」都是明證。

　　胡適在這期間也充分感受到了愛情的魔力，徐志摩在信裡這麼描述：「**先前你瘦損如黃瓜一瓢，如今潤澤如光明的秋月，使你原來嫵媚的談笑，益發取得異樣的風流。**」

　　胡適也一度完全不想理會那些流言蜚語，想和自己同時代的先鋒徐志摩、郁達夫等人一樣，拋開自己國民導師、道德楷模的偶像包袱，勇敢地追求愛情：「**聽了許多誹謗伊的話，這回來了，只覺**

得伊更可愛，因為不捨得匆匆就離別了。」

胡適回到北平，就同江冬秀提離婚，江冬秀提起菜刀說：「如果你要離婚，我和孩子就一塊死在你面前。你再提，我就跑出去鬧，鬧得人盡皆知！」胡適是瞭解自己這位如老虎般潑辣的老妻的，於是只好作罷。

胡適和曹佩聲只好改為地下約會，曹佩聲也心甘情願。江冬秀也稍微消停，只要胡適不離婚，至於他在外面怎麼來，她想起來就管管，想不起來就算了。後來胡適去美國之前，對曹佩聲說了一句「等我」，曹佩聲當真等了他半輩子，而他卻再也沒有回來。

曹佩聲留在大陸，沒有結婚，從復旦大學教書一直到瀋陽農學院教書，文革時候又受到衝擊，一生清苦，更無人記得。她1969年退休回到安徽績溪老家，無兒無女，家徒四壁，只有一張床，兩把椅子，一個舊皮箱而已。她臨終之前，要求把自己的骨灰安葬在旺川村頭的公路旁，因為那條公路是通到胡適故居上莊村的必經之路，她還期盼著胡適回來，從她的墳頭經過。

然而她不知道，她一生掛念的糜哥哥（胡適小名），已經在十年之前，心臟病突發去世了。

胡適還有一段感情是和自己的學生徐芳。1939年，胡適在當駐美大使的時候，收到江冬秀一封家書，裡面不僅有錯別字，而且語氣很不客氣：「我算算有一個半月沒有寫信給你了。我有一件很不

高興的事，我這兩個月來，那（拿）不起筆來，不過你是知道我的皮（脾）氣，放不下話的。我這次整理信件，裡面有幾封信，上面寫的人名是美的先生 (Mr. Charming)，此人是哪位妖怪？」胡適回信說：「你放心，我不會做對不起你的事。」

這位美的先生是何許人也？她叫徐芳，進入北大中文系學習時，胡適是文學院的院長。徐芳出身名門，長得很漂亮，有點風流氣，而且很聰明，上大學的時候就寫出了長篇論文《中國新詩史》，她的畢業論文是胡適親筆指點的。

徐芳一開始很欣賞胡適，給他寫了不少熱情洋溢的信，胡適也對徐芳有好感，兩人通信了好幾年時間。雖然胡適和徐芳的書信保留下來的不多，可是胡適的遺物裡有一張徐芳送給他的照片，背面寫著「你看，她很遠很遠地跑來陪你，你喜歡她嗎？ 1936.8.21」。

後來胡適到了美國，徐芳的信也決意不再回覆了。徐芳覺得等不到胡適，便同徐培根將軍結了婚，後來一同去了臺灣。1962 年胡適的追悼會，徐芳特地趕去參加，哭到幾近昏厥。徐芳晚年一直在臺灣居住，直到離世。

幾年前有人寫胡適生平的著作，去拜訪她，問她和胡適之先生到底有什麼關係？她一口咬定，只是師生關係，別的不願多談。徐芳到了暮年提到胡適，還是說對於胡適的情感只有尊重與懷念。很神奇的是，和胡適在一起過的女士，沒有一個說胡適不好的。

五十年後，韋蓮司還把她當時和胡適在美國往來通信全部寄給了江冬秀。江冬秀不滿曹佩聲破壞自己的婚姻，曹佩聲有一陣子都快要訂婚了，她跑去曹的未婚夫那裡說曹佩聲壞話，嚇得曹佩聲的未婚夫解除了婚約，曹佩聲因此再也沒有走進過婚姻的殿堂，就連被坑成這樣，曹佩聲也不覺得胡適辜負過她。

胡適死後留下了五十萬字的日記，這成為人們研究胡適的重要史料。可是在胡適日記裡，從來找不到讓人想入非非的內容，因此有人說，胡適從寫日記的那一天起，就知道自己的日記以後會被人看，被人研究，所以他的日記根本就是寫給別人看的。他寫出來的都是願意讓你們看的，不願意讓你們看的，他要麼隻字不提，要麼極其隱晦。

03

胡適自己可能也很難接受只有責任感的婚姻，如果他只是一個普通人的話，或許能勉強接受，但他並不是，他是名滿天下的意見領袖，是人人都想結識的「我的朋友胡適」，是魚缸裡的金魚，就連搖頭擺尾大家都能夠看得一清二楚，在這種情況下做出的任何決定，他都要仔細掂量。

胡適是留美的博士，又是新文化運動的旗手，但是他又深刻地瞭解中國社會，在中國傳統倫理當中，愛情是不存在婚姻裡的，婚

姻的意義是什麼？只有兩點，孝順祖宗和傳宗接代，別無它用。所以從這個意義上來說，胡適的婚姻已經是合格的了。五十年前他不喜歡吃生薑，五十年後他餐餐有生薑；五十年前他對於一個大字不識的小腳女人不願意多看一眼，五十年後他也久而敬之了。

人生的一切都在於自我選擇。早期，東西壞了人們都想著修。到了現在，東西壞了大家都只想著換。所以說，沒有一個人能夠一帆風順地度過一生，即便是學問高尚如胡適，心胸闊大如江冬秀。

江冬秀的聰明之處在於什麼？在於她恩威並施。胡適經常會收到女學生表達愛意的信件，這些都是經過江冬秀的手的。她如果每收到一封就鬧，那家裡早就炸了，小三估計都上位好幾輪了。威呢，就是她知道胡適的軟肋，他愛惜羽毛而且孝敬父母，所以當胡適有點軍心不穩，江冬秀搬出老人和孩子，一個打一個准。

其實一個男人過得好不好，找不找小三，不是女人能夠控制的，結婚之後，他依然會面對很多誘惑和未知的情景。看手機這種行為本身，就是對於你人生的不確定，因為你不知道他出軌之後，對於這段關係你該何去何從。

其實，就婚姻關係來講，兩個人之間該是緊密的聯繫，但是就獨立性來講，婚姻或者戀愛這件事情，不會將彼此獨立的事實改變一分一毫。所以**瀟灑女人要做的是——不管男人表現如何，都應該活出自己的精彩。**

那些活得精彩的女人，為什麼永遠沒有恐懼？因為她們不把自己的人生掛在老公出不出軌的前提之下。

　　但是已經如此仁至義盡，他還是沒臉沒皮，死乞白賴非要跟小三過，那怎麼辦？就揮一揮衣袖，帶走所有的家產和孩子，自己先行撤退。順便，祝前夫哥的婚禮愈辦愈好。

我們99%不開心，都是過於強調自己的感受

01

有些人就活得簡單，為什麼？因為通透，因為知道自己要什麼。

那天我要出門，叫了一輛共乘車。司機到得很準時，我看了一眼，副駕駛座有人，於是我打開車門坐到後座上。

車裡氣氛有點詭異，我聽了一下，是副駕駛座的女士對於共乘車很不滿意：「我現在趕時間，我往東走，你只能接往東走的單，往西走的你不許接！」司機：「那不行，這是平臺給派的單，讓我去接誰我就得去接誰。」女士：「你浪費我時間了，你知道嗎？我著急得很，你的服務太差了，我要投訴你！」

我默默心疼司機大哥。共乘車的規則可能有的乘客不瞭解，共乘車是平臺讓司機去接誰就去接誰，而且如果你的目的地比較遠，中間接送好幾個乘客都是有可能的，接人、等人、送人⋯⋯北京這麼堵車，中間的時間長了去了，所以如果時間不充分，最好別叫共乘車。

一旦你坐上這輛車，就預設你認可這個規則，再撒潑耍賴就不對了。

司機特無奈，但還是友情提示她說：「姑娘，下次你真的著急，就別叫共乘車了……」女士發飆：「你什麼意思，你不就是為了多接個人，多賺點錢！」司機無奈，道歉，訕笑，說：「你可不能這麼想啊……」

　　乘客下車之後，司機一直心情不好，擔心這擔心那的，如果乘客投訴他沒有按時抵達，他不僅早上白忙活了，而且會影響他未來的接單。我安慰他說：「你就是來賺錢的，怕什麼啊！」

　　我知道很多專車司機早上不到六點就起來工作，就是為了趕在北京的早高峰之前多接幾張單，就是為了一天跑夠平臺規定的 22 單，拿到獎勵，早點收車回去休息。

　　這一天苦哈哈，堵在早高峰動彈不得，水不敢多喝一口，話不能說錯一句，不就是為了掙錢嗎？不為了掙錢，在家躺著多好，出去吃吃喝喝也行，平民百姓都只是為了賺點錢，所以我時常覺得生活比電視劇好看得多。

　　真實、有勁兒，絕對黑色幽默。

02

生活中，很多人不好意思講自己的真實想法。

「你開了一家淘寶店？」
「哎呀，隨便玩玩。」

「好久不見，你的臉瘦了好多！」
「拔了四顆智齒而已，呵呵。」

「你為什來參加中國好聲音？」
「我有一個夢想……」

「你居然要和我離婚，嗚嗚！說好的這輩子我跟你姓呢！」
「我曾外祖母昨天托夢給我，說我倆八字不合。今生緣分到此，我很好，你也保重……」

翻譯成白話就是——我要掙錢，我想紅，我不愛你了……

覺得說得對，笑一笑，恨得牙癢癢，打一架，撕爛他的嘴。多乾脆。

所以活得累，都是因為不夠通透，粉飾得多了，就不知道自己要什麼了。

03

馮小剛拍戲，想找陳道明演《一地雞毛》裡面的小人物小林。

由於陳道明長著一張剛正不阿的臉，出道那天起就成為帝王專業戶，而且只能演賢主，昏君還演不了，演起來不像。

馮小剛抱著試試看的心態去找陳道明說戲，跟他講，這個劇本裡的小林是一個小人物，普通人，這樣一個扔在人堆裡都找不到存在感的小人物，您可不能演出皇帝微服私訪的感覺。

陳道明表示完全明白導演的意思，說：「這次我聽你的。」果然在《一地雞毛》的拍攝當中，陳道明像是換了一個人，殷勤、周到，而且特別善解人意，穿上小林的衣服，簡直就是苦逼小職員。

《一地雞毛》殺青，陳道明一秒出戲，據馮小剛形容：「吃殺青飯的那天，我們連心理準備都沒有，不陰不陽的表情又回到他的臉上……」陳道明淡定地表示：「我就是一戲子，演員就是我的職業罷了。」

陳道明活得就沒那麼累，把戲裡戲外分開，工作和生活分開，開心得不得了，一點也不覺得自己分裂。

04

德國作家威廉 · 格納齊諾（Wilhelm Genazino）說：「我告誡自己，你話說得太多，你聽別人傾訴得太多，你咖啡喝得太多，你在陌生房間裡坐的時間太長，你睡眠品質太差，你醒著的時間太長，你平庸的事想得太多，你希望過多，你安慰自己太頻繁。」

99% 的人不開心，是因為太過於強調自己的感受。

我一直在追的一部美劇叫作《摩登家庭》（Modern Family），Jay Pritchett 是個有錢的老頭兒，他再婚娶的妻子 Gloria 是哥倫比亞裔，身材又辣又美，走在路上，路人都以為 Jay 是 Gloria 的爸爸……

Jay 想讓妻子和他去參加大學同學會（他大概已經畢業 40 年了），Gloria 百般不想去。

Jay 說：「Gloria，我希望你會去。小的時候我很自卑，現在我想讓他們看看，我不再是那個軟胖子，我有自己的傢俱公司，我還有一位像你這樣美麗的妻子。」

Gloria：「你是希望我當花瓶嗎？」

Jay：「是的。」

Gloria 一點也沒生氣，覺得他矮化女性什麼的，特別仗義地挽

著老公的胳膊，說：「那走吧，我最擅長當花瓶了！」

很多人覺得不快樂，是因為他既要彎腰搬磚，又要挺直腰杆做人。不能讓別人看出來我白首為功名，我臉皮薄，我不好意思。

其實不管是賺錢、拍戲還是忍辱，都是為了追求更好的生活，為了通向自由之路。只要明確自己的目標，去掉很多虛妄，我們都會快樂很多。

就像是楊絳老先生[7]說的：「你的問題就是因為讀書太少，又想太多。」

那是不是就沒救了呢？可能也會有一線希望，那就是努力改變自己，從行為處事方面，從學習方面。

最近有個學者在做這個研究，讀書是一種對性格的積極修煉，因為直接改變性格幾乎不可能，唯有從讀書，運動，繪畫這些事物慢慢去調養。

想太多是慢性病，所以要付出更多的努力和辛苦。

你才二十幾歲就老了

01

我們學校的財務處，是個神奇的存在。

進入財務處大門之前，人人表情都是正直恬淡的，從財務處出來，大都是垂頭喪氣，跟遭遇了多大變故似的。

最近幾年，財務處的出納招來的都是年輕貌美的小姑娘，看名牌上寫的年齡，也就是 22~25 歲之間。年紀上，算是小姑娘，皮膚狀態也年輕，但是長相總是讓人覺得有點顯老。皮膚暗沉，川字眉嚴重，法令紋明顯，跟人說話是斜眼看人，拿鼻音跟你交流，感覺像是慈禧老佛爺轉世。而且辦事很有策略性，能一步把大象裝進冰箱，絕對要你分成三步完成，就是見不得你順風順水，一步到位。

我去報銷差旅費，知道財務處的姑奶奶們都嬌生慣養，驚動不得，特地一大早就到財務處排號等著。因為根據往日經驗，過了九點半人多嘴雜，她們更沒有耐心幫你解決問題了，所以我九點鐘就到了櫃檯前。時間還早，我第一個來的，我把要報銷的票據恭恭敬敬的往她面前一擱，拿出大年初一燒頭香的虔誠。

沒想到自己做的還是不夠好，只見姑娘白眼一翻，眉心一蹙：「我讓你提交資料了嗎，沒看見我還沒收拾好嗎？」姑奶奶哎，此

時離上班時間已經過了十分鐘了……

她照了照鏡子，擦了唇彩，這才慢條斯理的把資料接過去，嘩嘩快速一翻，眉頭又一皺，我知道，又有環節不對了。果然，她說：「你這個差旅說明寫得不對，連這個都寫不好，還出差呢！拿回去重寫一份，今天報不了！」說著，一疊票據從視窗飛出，我險些沒接住。

打電話求助導師，導師撥電話給她，姑娘立馬換了一副臉，笑得跟佳潔士廣告似的，人比花兒甜：「嗯，我知道了，沒問題，小事兒小事兒，您放心，我馬上就給辦！」撂下電話，痛快地蓋了個章，我此行功德圓滿。然後她坐回自己位子，又換上原來那副不高興的樣子。

其實她剛來的時候，我就見過她。那時候很好看，水靈姑娘一個，來辦業務還算熱情，規規矩矩，沒有這麼多陰陽怪氣和怨氣。不過是一年時間，我就發現她開始口出惡言，川字眉深得可以夾死蒼蠅，看起來苦大仇深，一點也不像二十幾歲的年輕人。

這可以理解為一個不好的、僵化的體制對於人的異化作用[8]。在這個體制裡面，人與人之間的相處模式就是這樣，沒有人給你好臉色看，所以你也不會給別人好臉色看，因為你會覺得，這都是應該的。

而且負面的、腐朽的、刻薄的相處方式，也構成了一個辦公室

的能量場，能量無法擴散，只能傳遞，所以在這裡工作的人，如果不能克服，只能被異化。

02

朋友也跟我講過類似的故事。說他們單位新來的保全人員，是個不到二十歲的年輕人，職責是負責健身房的安全。通常健身房早上七點開門的時候，他已經站在那裡了，保持微笑，對每個人說早上好，甚至還會為進去健身的人輕輕拉開玻璃門，鞠躬欠身目送他們進去。

我想他一開始對這份工作是保有很大熱情的，只是漸漸地發現，當他對每個人說「早上好」，他們卻置若罔聞，於是乎，他也不給人開門，也不說早上好，也不笑了。

日子一久，他和單位其他面無表情的保全人員，沒有任何區別。他們有一副制式化的面孔，無奈、冷漠，對這個世界沒有熱情，沒有好奇心。

所以我常常很不理解家長都想讓孩子，不管是男孩女孩都去這樣的單位工作，究竟是祝福還是報復？給你一個心智健全的孩子，你還我一個恍恍惚惚、陰陽怪氣的年輕人，我找誰說理去？

體制對於人的異化作用還表現在，它是巨大的能量場，能夠扭

曲一個人。你會習慣它，離不開它，這無疑更加可怕。就像《刺激1995》裡面說的：

「**這些高牆很有趣。剛入獄的時候，你痛恨他們。慢慢的，你習慣生活在其中，最終，你發現你不得不依靠它們生存。**」

我在臺北耕莘文教院上寫作課，就碰到了這樣一位女孩子。我們是六人討論小組，她最沉默，看人的眼神也很木然。小組組長問她做什麼工作，為什麼參加寫作課，是要當全職作者嗎？

女生很害羞，說自己其實是員警，但是不太受人尊重，因為她工作的日常就是大街小巷貼罰單。她想要離開這個工作，但是捨不得每個月七萬塊的薪水，也捨不得好不容易找到的穩定工作。

由此可見，她的內心很撕扯，但還是決定留在現在的單位，平時可以寫東西排遣一下，僅此而已了。那時候我有點明白，她那與年齡不相稱的悲觀從何而來了，就是從她那份工作而來的。

工作本身沒有任何問題，員警這份職業值得無比尊重。但是對她來說，這份工作沒有帶給她勇氣和自信。

03

財務處的職工，公務員，拿著不菲的工資，有些小權利，就是她們的標籤。貼著標籤的時候她們覺得自己威風八面，撕下來她們

什麼也不是。她們以為自己很厲害，很囂張，其實厲害的是這個單位，是這個平臺，而不是本人。

撕下這層脆弱的皮囊，真實的自己會在裡面瑟瑟不已。

你讓她從櫃檯後面走出來，站在大街上的人群裡，她敢不敢這樣說話？恐怕生存下來都很難吧。真的高級嗎？真的是有特權嗎？這些所有的囂張，都是虛榮又可笑的，就像是泡沫，不用戳，自己都會破。

有句話是這麼說的：「**年輕人和老人的區別，是從愈來愈懶，愈來愈想逃避開始的；是從停止學習、成長的時候開始的。所以有些人到 60 歲還沒老，有些人才 18 歲就開始老了。**」

有些年輕人 25 歲就死了，但是到 75 歲才埋。回顧這一生，不僅對別人毫無貢獻，而且對自己也無法交代。

無論是任何年紀，做任何工作，都是在為了使自己有一份底氣。你才 20 幾歲，不要那麼囂張，不要總是皺著眉頭，你要美美的，要陽光的，工作不喜歡就換，喜歡就好好做。

不喜歡也不知道該做什麼，起碼在自己的崗位上盡職盡責，損人又不利己的事情最好是少做。

別用那些老態龍鍾的心態來麻痹自己，除非背景深厚，否則做

人別那麼絕。這世上山高水長，說不定在哪個口會遇見，彼此尷尬都是小事，遇上個小肚雞腸的，搭上小命也是有可能的。

有一句話說得好：「**當你長期凝視深淵，深淵也會凝視你。與怪物戰鬥的人，尤其要小心自己也會成為怪物。**」

生活會很艱難，每個人都是這樣。但是我想對於我來說，我最不喜歡的就是，生活在一個虛假的世界裡，即便是我這輩子都一事無成，像猴子撈月般地追求夢想，我給自己的底線是——我要真實的面對自己。

有時候，換個環境是個外力的好選擇。人總是懶惰和軟弱的，失敗了、疼痛了需要找個港灣，揉揉就不疼了，抱抱就不怕了。

我們現在的每一個行為和每一種思路，會決定將來的你和我。正是因為很多東西都沒有，比如學歷、背景、機遇、好運氣，所以會更加努力。

是的，每個人的出身和境遇都不同，但只要敢堅持自己認為的道路並不斷地進步，是任何人和命運的安排擋也擋不住的。

他抽煙喝酒打遊戲，並不代表不愛你

01

有一次看一個電視節目，男生說自己和前女友分手的原因就在於，當時創業很忙，女生又總是要求自己要陪她，不陪就是不愛她。

有一次他們的戀愛紀念日，他在辦公室忙了一天忙到暈頭轉向，完全忘記了這回事，女朋友一天沒消息，自己也沒在意。但是晚上女生打電話過來把他臭罵一頓，說已經受夠他了。男生就這樣變成前男友了。

在場的女生聽了也很有共鳴，說：「我的老公就是這樣的啊！平時還好，有時候工作完了回到家，鑽進書房就打遊戲，一打好幾個小時。我讓他跟我說說話，他不理我，讓他出來一起看電視，他說自己在忙。玩遊戲算哪門子忙？我進屋拉他出來，他突然就炸毛了，嚇死我了！」

02

人的精力是有限的，不可能同時做很多件事情，在不同的事情當中有取捨，是人的天性。

玩遊戲看起來是遊戲，從更深層次來講，它代表著控制別人的欲望。他渴望控制一件事情，渴望主宰被人操弄的命運。所以玩遊戲的人很可能是在現實世界中不能夠得到滿足。

如果你身邊有這樣的男生，那你首先要辨別，他只是貪玩，還是現實的情緒得不到紓解。如果真如他說只是貪玩，就像心裡面住著一個孩子，你如果能接受，不妨包容他；不能接受，那就趁早分開，以免互相耽誤。

不過，如果男生們平時看起來事業心強，無不良嗜好，就是每個月總有那麼幾天狂打遊戲狂喝酒，那一定是遇到了什麼問題，或者潛在的東西得不到滿足。

很多女人完全注意不到男人壓力很大的樣子，其實男人和女人一樣，說沒事的時候往往就是有事。

有點燒腦，不過，這樣的他，你會懂嗎？

03

當壓力襲來的時候，不少男人會選擇硬抗。他會用你看起來好的或者不好的形式，努力宣洩這種情緒，比如有的人運動一下，喝個啤酒，吃個燒烤就好了；有的人打個遊戲熬個夜，看個球整夜不睡就好了；而有的人要飆車、賭博、去酒吧通過聲光電的刺激才能

夠解決。

一萬個人眼裡有一萬個哈姆雷特，一萬個男人有一萬種排遣方式。在所有的表現形式裡面，最常見的一種，就是沮喪。

女人：「你怎麼了？」
男人：「沒事。」
女人：「你是不是遇上了什麼事，你跟我說啊！」
男人：「沒事。」
然後就是無盡的沉默……

姑娘心裡會想：「你是不是不信任我，有事瞞著我？」、「我什麼事情都告訴你，你卻處處都藏著掖著！」、「你是不是不愛我了？」

再繼續糾纏，就等著戰爭爆發吧。

而所有壓力派遣方式當中，最可怕的是冷漠和平靜。壓力能釋放出去還好，壓在心裡面才最可怕，比如你問他說：「你為什麼不說話？」、「為什麼不陪我看電視？」、「為什麼不洗碗？」、「為什麼不看看我的新衣服好看不好看？」……

他會被刺激到突然爆炸的，而處在射程範圍內的你，很可能被誤傷慘重。

04

現代社會裡面，男人其實壓力很大的。

很多男人都會給自己很多壓力，比如加班到很晚，比如見很多很多人，說很多很多話，比如即使是生病了，也要帶領團隊向前衝，即使被老闆罵、被客戶虐，也要嬉皮笑臉迎難而上……因為他要按時還房貸，要給你買你念叨已久的包，要讓自己的父母以他為榮，要讓丈母娘知道自己沒看走眼，要讓自己的人生沒有虛度。

可是他們在有壓力的時候，為什麼不向女朋友或者老婆傾訴？

原因一：說了你也不懂，所以乾脆不說。這是我訪談周圍男士，尤其是在創業的男士身上所得到的答案。他們說自己每天都處於高壓之中，而且創業看似自由，但是絕對不同於為老闆打工比上班累多了。

每天一睜眼就是錢，場地費、租金、員工工資，所以每天叫醒他們的往往不是夢想，而是如流水般嘩嘩流淌的血汗錢。麻煩天天有，只不過有些能解決，有些解決不了。回去被女人問怎麼了，一般都回答沒事，因為說了也沒用，她們會擔心，解決不了問題。她們的擔心反而又讓男士更加焦慮了。

原因二：我自己可以解決，不需要理解和同情。男人在這一點上和女人很不同，女人是希望在受到挫折和壓力的時候，獲得理解

和照顧，而男人更希望獲得處理壓力的一些管道，而不是理解和同情。

因此大部分男人處理壓力的時候，比女人更直接，也更堅決。

準確捕捉到男人壓力爆表的時間段，是每個女人應當學習的功課。在男人有壓力的時候，如果你能夠幫助他，比如他事業上有問題，你能出謀劃策，那你就去幫。如果你們屬於不同的行業，你對他所做的事情完全不瞭解，那麼你唯一需要做的事情是，不另外給他造成新的壓力。

有些女人很做作，覺得自己隨時隨地的傻白甜都很可愛，自己的老公都快忙翻了，還要特純真地問：「你為什麼不給我買花？」、「為什麼不接我下班？」、「為什麼……」小心這些「為什麼」成為壓垮駱駝的最後一根稻草啊。

我們都是一樣的，缺乏愛，也不會愛，不會關心，所以要學，要修煉，也許一直到老都在學。也許學不會、學不好，但只要努力就應該有進步吧。

註 5　比喻難以擺脫的某種怪現象。
註 6　出自李白《獨坐敬亭山》，欲表達兩個人久處不厭的意思。
註 7　先生是對老師的尊稱，老則表親和的意思。
註 8　指不好的制度和環境會改變一個人，異化是馬克思思想的哲學用語，基本上是貶義的意思，代表外界的環境和思想，像是巨大的能量場一樣，一點一點的扭曲人的本質。

Chapter 3

不能天生麗質，就要天生勵志

因為知道減肥長路無人陪伴，
所有人都只會在終點處給你喝彩。

所以分得清人情冷暖，
堅信流下的汗水必定
能夠照亮自己前行的路。

胖是一種什麼樣的體驗？

01

有個姑娘給我寫信，說她生下來就是個胖女孩，她的人生因為「胖」這個字，顯得異常艱難。

還抱在外婆懷裡的時候，就被大人捏臉叫小胖；上學之後，校服總是要買最大碼。坐在中間座位，想起身都不容易；擠出去的時候，還撞倒一大片水杯，惹得抱怨聲一片；彎腰逐個撿起挨個道歉，肚子撞上桌角頭撞到椅背，腹背受敵。

廣播體操永遠排在最後一排，做好做壞無人關心；彙報表演時，因為影響大局，總是被班主任友善請退，然後就安慰自己說沒事，反正我也不想排練啊。

明明有喜歡的男生，但是都被毫無女人味的自己發展成哥兒們；表白被拒了也不敢放聲大哭，不然眼睛會顯得更小。

不敢暴飲暴食，不敢吃香喝辣，對於生下來就是 Plus 的人來說，少吃是唯一的出路。

因為胖，連穿淺色牛仔褲的權利都被剝奪得一乾二淨，總是把逛街的欲望降到最低，因為買買買是瘦子的專利。跑到美國逛街，

發現適合自己的 Size 到處都是，內心竊喜，但是卻被導購鄙視的眼神深深傷害了，因為導購小姐說：「我們這兒的褲子對你來說，腰圍倒是合適，但褲腿又太長了……」

自從被歸類為胖女孩之後，整個人生都看起來沒有什麼希望了。

02

身形偏胖的人分為兩種類型，一種是虛胖，一種是實胖。

實胖是很難減下去的一種胖。我的好閨蜜，屬於結實型的身材，她聽說有人三個月不吃晚餐，每天晚上跑十圈，瘦了 6 公斤，感覺特別勵志，她也去操場狂跑圈。

剛開始那段時間，她每天晚上都餓到脾氣暴躁，後來餓久也就習慣了。她很有毅力，真的堅持了三個月，然而量了一下體重，才瘦下來 1.5 公斤！不僅把臉色搞得蠟黃蠟黃，而且恢復吃晚飯之後，體重迅速恢復原狀。脂肪君們就是這麼任性，一點同情分也不給。

後來她等公車的時候看見「針灸減肥」的廣告，遠遠看見「不打針不吃藥不反彈」的宣傳語，就好像是看見一顆珍珠在發光，果斷被吸引了。針灸治療一個月，就像是氣球放氣一樣，掉了 6 公斤肉，結果繳了全額，一個星期之後，脂肪又像氣球充氣一樣，反彈回去了。

我是相信這個世界上有減不下去的肥的。如果你身上的肉肉捏起來比較結實，並且已經試過各種方法，但還是成效甚微，這時候，你最需要明白的事情有這麼兩點。

第一，維持你的正常體重，從現在開始，拒絕一切以傷害身體為代價的減肥。像是不吃主食導致頭髮大把大把脫落，跟風果汁減肥減得一臉菜色，針灸埋線弄得渾身淤青傷痕累累。

第二，愉悅地接納自己，相信一切都是最好的安排。

03

現在請你打開手機，搜索一個叫做金‧卡戴珊（Kim Kardashian）的人。她是看起來略顯恐怖的葫蘆形身材，一般亞洲女孩能超過她的身形不多，所以我想，有類似煩惱的女孩，肥胖能超過她的可能性也不大。但她卻是美國最有名的名媛之一，是超級明星，在美國想和她約會的高富帥排成排。

她現在已經結婚了，有個可愛的小公主。她不但在美國很火，在全世界也都很火，懷孕的時候體重飆升到 90 公斤，還特別喜歡穿細高跟鞋，能把腳上的肥肉憋出一道一道的勒痕，但是絲毫不影響她在懷孕期間狂賺 2000 萬美元。

從另外一個角度來看，如果卡戴珊是一個瘦子，她唱歌不會如

此渾厚和有力，也不會獲得現在在美國樂壇的地位。

所以，如果你的身形不夠完美，那麼就靠才華給自己加戲啊。而且，那些以減肥為目的的賺錢，最後自己都會笑自己天真。賺了錢還減什麼肥啊，那時候的你不知道要多欣賞自己。

同樣的，有一位女星名叫做莫妮卡・貝魯奇（Monica Bellucci），她是義大利的國寶級女神，演出的《西西里的美麗傳說》讓全世界都為她感到驚豔。

她不是骨感美女，微胖的身材更讓她盡顯性感妖嬈，最簡單的剪裁把她的體型包裹得恰到好處。世人都怕胖對嗎？但是她不怕，她說：「如果以後我發胖了，那我就只穿一件黑衣服，因為它很簡單。」

所以說，胖並不可怕，可怕的是沒自信，並且將自己失敗、懶惰和不成功的所有原因，都歸結為胖這一件事情。

04

如果你對自己的身材不滿意，那不妨見賢思齊一下。

韓國有位姑娘，是虛胖屆減肥的勵志勞模[9]。她叫姜素拉，168cm，最胖的時候有 72 公斤。

為了得到一個角色，離自己的夢想更進一步，她一年之內甩肉30公斤。而且人們發現，瘦下來的她原來身材這麼好，168cm 的身高，腿長達到 105cm。

　　她得到了試戲的機會，並且在《第四課時推理領域》裡面得到一個角色，之後代言的機會源源不斷，她的陽光和運動感也獲得了大群粉絲。

　　2014 年，她穿著 200 塊錢一件的蕾絲洋裝走紅毯，媒體盛讚她穿出了兩萬塊的高級感。問到她減肥的方法，她說：「一生都要好好吃飯，並且堅持運動。」

　　所有人都知道減肥很重要，但是就是管不住嘴，邁不開腿。所以最重要的是，你要找到讓自己非減肥不可的理由。

　　比如羅志祥，他小時候也不瘦，十幾歲的時候因為胖坐在最後一排，被同學嘲笑，給他起外號叫小豬。他用一個暑假時間狂減 20公斤，再回到班裡，女生見了他都花癡地微笑，男生認不出這個小鮮肉是誰。

　　班主任來上課，看到乖乖坐在最後一排的他，問：「那位同學，你是轉校生嗎？」羅志祥深吸一口氣，很淡定很無辜的回答：「老師，我是羅志祥啊！」全班大驚，羅志祥竊喜，這是一個默默無聞的胖子，最漂亮的逆襲啊。

所以他說他減肥的動力就在於，為了捍衛自己的尊嚴，也順便認清別人的面孔。

趙薇前幾年因為發胖和雙下巴被媒體和網友嘲笑，自從下定決心減肥之後，雖然沒有瘦成麻稈，但是看起來美多了，完全不像是年近 40 歲的人。最近走上上海國際電影節的紅毯，紅毯照登上各大網站，明眸善睞，光彩照人，之前說她顏值和才華不能兼顧的人，終於可以閉嘴了。

那些比我們有顏比我們有錢的人還在努力，我們完全沒有理由放棄自己啊。

05

因為胖過，所以知道節制的重要性；因為被人無情嘲笑過，所以知道不能讓這些人屢次得逞；因為知道慢慢減肥長路無人陪伴，所有人都只會在終點處給你喝彩，所以分得清人情冷暖，堅信留下的汗水必定能夠照亮自己前行的路。

這一路上，真的就自己扛過來了，沒有胖過的瘦子不會懂，所以他們沒有那麼珍惜。

如果有一天，你在健身房看見一位大齡的胖姑娘，每次見到她都獨來獨往，她在跑步機上揮汗如雨，她仰臥起坐的姿勢笨拙可笑，

但是她臉上有光，嘴角有笑，那麼請你默默欣賞她，因為她一路上經歷了多少自卑和旁人的取笑，還能積極面對生活，並且努力用內心的陽光驅趕源源不斷的陰霾。

　　如果你認識她，請你讚美她，每一個透過健身獲得良好身形的胖子都值得讚美。而且努力生活的姑娘，運氣往往不會太差。

註9　最勤奮的勞動人民模範。

Chapter 4

謙是一種能力，需要後天學習

同樣的理由，同樣的選擇。

可以為成功慶祝，
也可以為失敗加冕。

誰說挺住就意味著一切？

01

我大學的時候有位老師，時年五十多歲。他自從登上講臺，就一直是鐵打的講師，在高校教師梯隊的金字塔底層，按兵不動。

同研究室的女老師是他的學生，比他小二十多歲，博士畢業之後留校任教，五年時間就晉升副教授了，他還是講師。我們學校的副校長，是他大學同班同學，人家已經飛龍在天，他依舊潛龍勿用[10]。

然後呢？然後就是這位老師以講師的身份光榮退休了。

他自己還挺樂的，說：「跟我同一年的大學同學，有的去當官，有的去經商，看我進大學當老師，都瞧不起我，覺得是雕蟲小技。但是呢，三十年後，他們住院的住院，上次同學會，他們還羨慕我呢！說我這樣平平淡淡的，挺好。」

他活得一點也不勵志，可是他自己很舒服，很享受這樣的狀態。

02

所有的成功都是成功者的自我解釋。如果你成功了，那為你黃

袍加身；如果你失敗了，那就是你太過於執著。

高中歷史課本這樣教育我們：「唐朝為什麼那麼富強？因為相容並蓄¹¹，民族融合啊；我大宋為何慘被人虐？因為魚目混珠，因為蠻夷戎狄！」

同樣的理由，同樣的選擇，可以為成功慶祝，也可以為失敗加冕。

金星也是一樣，她在自己的回憶錄《擲地有聲》裡面寫，他是部隊大院子弟，是從小跳舞就跳的很好的男孩子，在國外也拿了獎，未來是康莊大道。

可是他偏要去做手術，他想要當女生。術後好長時間，有一條腿沒有知覺，她以為自己完了，不僅離開了深愛的舞臺，甚至可能落下殘疾，悔恨終生。可是她挺幸運，腿部的功能慢慢恢復正常，並且憑著天生一副好口才，家喻戶曉。

跟那條老路比，她從舞蹈跨界到主持，從一個性別到另一個性別，是正確的選擇。可是假設，她手術失敗了，那麼手術本身就會成為她失敗的控訴。

所以，堅持不堅持，挺住不挺住，要因人而異。每個人都有獨一無二的生活方式，再勵志的故事也不能作為描畫未來的藍本。

03

其實對於我們普羅大眾來說，堅持什麼多少年就會得到些什麼，終究是一個小機率事件。

如果把奔向未來的道路，比作是一條看不見出口的隧道，誰能預測到隧道盡頭，不是萬丈深淵，只會是柳暗花明呢？

我有一個阿姨，很早就進入醫院工作。雖然醫院裡都是白衣天使，但是大概在二十年前，醫院的鬥爭也比較厲害，要搶病人，搶資源，那時候大家賺錢的門路就那麼多，一份錢就是一份生計問題。

在阿姨的診療科室裡，有一個相當彪悍的同事，因為找阿姨看病的掛號人數比較多，那時候也不用排隊取號，可以直接進門找大夫，所以那位同事很不高興，為了攔截病人，想了個特別損的招兒，把自己的辦公桌搬到診療科室門口，病人一進來就直接被她攔下來，進去找別的醫生看病的人自然就變少了。

除此之外，該同事損招層出不窮，比如造謠誹謗啊，拉幫結派啊等等，阿姨做得很不開心，便離開單位。

所有人都勸她留下，說是鐵飯碗，地位高之類的，她搖搖頭，還是走了。

因為她特別喜歡珠寶，每天被淩虐到不行的時候就去醫院旁邊

给親l愛的你.

如果你的方塊糖少了一張，嘛哪哗，如忆吧結束單身狀況.

這是引起迷人但喜歡不歡不喜的問題，而是美不美的問題.

-by《愛情，不過就是理解與被理解·選擇簡單》村上春樹.

的珠寶城逛，特別紓壓。她離開之後在珠寶城弄了一間店舖，天天和自己喜歡的珠寶在一起，賺了點小錢，生活不緊不慢，現在年紀大了，店裡的生意交給孩子打理，每天樂樂呵呵的。

我問她說：「你如果現在還在那個科室，你會怎樣？」、「我會折壽。」她哈哈大笑。

04

其實我們都是普通人，疼了要哭，餓了要吃，累了要睡。一眼望不到頭的事情，要被折磨成稀巴爛才能得到一點快樂。真的不想扛的時候，就認輸，再找門路。

太陽底下沒有新鮮事，一代又一代人的故事在我們每個人身上流傳。人生流轉，如人飲水，冷暖自知。

我們終究是這芸芸眾生中的多數人，是重賞之下的勇夫，害怕蹉跎，害怕未知，只是想一簞食一瓢飲，找一個看得順眼的中等人，共還房貸，共度餘生。

不要從結果來看問題，不要被別人的經歷洗腦，不要活在別人的期待裡。一切都是夢幻泡影，一切都是假象。唯有你內心的聲音，足以說明一切。因為我們永遠不會知道，那些讓我們挺住的人，是好心祝福，還是蓄意報復。

允許失敗，允許懦弱，是對我們生而為人最大的尊重。讓我們為堅忍不拔、不屈不撓的堅持者的勝利歡呼。

祝所有普通人，打不了就跑，跑不動就躲，躲起來還笑得出聲。

也祝所有普通人，堅持為自己堅持，放棄為自己放棄。祝人生失意需認輸，人生失意莫悲傷。

心中有錦繡，猛虎也可嗅薔薇。願未來有期，未來可期。

愛的本能你我都有，
愛的能力卻需要後天學習

01

2016 年，可能有人看過這則新聞：「成功了！ SpaceX 成功回收火箭。」這個公司之前一直嘗試回收火箭，失敗了四次，2015 年完成陸地回收，2016 年完成海上回收，時任美國總統的歐巴馬還表示了祝賀。

回收火箭的意義在哪裡？首先打造一艘火箭要燒掉很多錢，而且是一次性的，有去無回。如果能夠回收火箭，就會降低很多成本，所以未來中國土豪到火星買學區房，理論上是指日可待的。

SpaceX 老闆的大名你可能不知道，但是他做的事情或生產的東西，你一定聽說過，或者用過。他是 PayPal 的創始人，馬雲年輕的時候，把這個專案複製過來，變得十分富有；他有個電動汽車公司叫特斯拉，是有錢人的炫富利器；他還有個公司就是 SpaceX 了，做的事情一句話就可以說完：造火箭，讓每個人都去得起火星，旅遊或者移民都可以。

他叫伊隆・馬斯克（Elon Musk），出生於南非，是美國夢行走的看板，繼喬幫主之後美國年輕人和創業者心中的超級偶像。前段時間美國網友還在網路上發起投票，覺得從馬斯克對於人類的貢

獻來看，絕對應該獲得諾貝爾經濟學獎。

伊隆 · 馬斯克出身南非的上層社會，一家子人都有冒險基因。馬斯克的外婆和外公，是自己開著飛機從加拿大飛到南非的，而且是為了找在沙漠中消失的城市，後來沒回去，就在南非定居了。

馬斯克的老媽個性比較獨立，當過模特兒，還攻讀了營養學和營養科學雙學位。和馬斯克的爸爸離異之後，為了維持生計，打三份工養三個孩子。後來，為了可以多點時間陪孩子們，就乾脆攢夠錢，自己開了一家諮詢公司，生意做得還不錯。

老太太現在 60 多歲，住在美國，依舊活得很前衛。63 歲那年全裸給《紐約客》拍封面，題目是「現在懷孩子會不會太老了？」這麼一說，答案當然是，不會啊，女人在任何時候都享有神聖而不可侵犯的生育權！

有人問她說怎麼教育孩子的，老太太很酷地表示：「我是憑直覺生活的人，我教育我的孩子們也一樣。」

馬斯克的老爸是英國和荷蘭混血的機械工程師。8 歲的時候，父母和平分手。爸爸常來看他，教他程式設計和物理。他第一次到美國，就是和爸爸一起去的。老爸後來不當工程師轉行做生意，生意做得也很好，開發礦山賺了不少錢。

據馬斯克媽媽說，馬斯克從小腦回路就和同齡小孩不同，當別

的小孩在說地球離月亮好遠的時候，馬斯克會糾正他們說，平均距離有 238855 英里。

馬斯克 12 歲的時候，編寫出一個叫「宇宙爆炸」的小遊戲，賣給雜誌賺了 500 美元；16 歲的時候用自己打工賺來的錢買了幾檔股票，短短時間內漲了三倍，完美詮釋了什麼叫做別人家的孩子。不過，馬斯克對於純粹賺錢的事情沒有興趣。如果他專心研究股票，現在也發了，但他不想做了，因為──自己賺錢沒意思，最有意思的就是要改變世界！

馬斯克在大學學的是商科和物理學，他本來是要念史丹佛大學的物理學博士班，但是他認為互聯網將會改變人類的生活方式，而他必須參與到這個進程，一刻也等不了！於是他博士班念了兩天，就辦退學了。比爾・蓋茨、馬克・祖克柏、伊隆・馬斯克……超級富豪都有一段嫌棄高等教育體制的歷史啊。

馬斯克退學之後，他的人生也正因為目標明確，蓄勢待發。他創立了一家名叫 Zip2 的互聯網公司。1999 年，馬斯克 28 歲，他把 Zip2 賣了，分到了 2200 萬美元。28 歲，推出線上支付軟體 PayPal，一年時間內積存 500 萬用戶，交易額超過 10 億美元，徹底改變了人類的支付方式。30 歲時，推動 PayPal 被收購，他因此賺了 1.8 億美元。30 歲，創立 X.com，目標是造火箭，探索太空。因為沒有人願意投資，所以馬斯克乾脆自己投入一億美元，公司就算是開張了。

當時所有人都震驚了，因為除非是把錢丟進粉碎機裡面，沒有什麼比投資建設火箭更容易讓自己的錢化為灰燼。但是馬斯克覺得自己是正確的，他要顛覆航太傳統，他看好商業航太的未來。他覺得現在的汽車太不環保，就自己設計並且研發出超級電動車特斯拉（Tesla），這個名字也是向自己的偶像特斯拉致敬。而且馬斯克要扭轉世人覺得電動車就是老年代步車的舊觀念，他的電動車要顏值與性能齊飛，要改變人類外出方式。

　　他果然製造出來了，自己每天開特斯拉 model S。他表示特斯拉永遠不會請代言人，也不會給任何人折扣，就連他自己這輛車也是自己掏腰包買的，和買家一樣，因為不這樣做，顯得很不公平。

02

　　馬斯克在事業上讓人膜拜不已，在世界上粉絲眾多，人稱現實版「鋼鐵人」。電影《鋼鐵人》就是根據他的經歷改編的，他還在裡面客串角色。

　　「鋼鐵人」雖然在事業上有著驚人成就，感情卻有點糾結。

　　他在上大學的時候，認識了自己的第一任妻子賈斯汀‧馬斯克。賈斯汀是英語系的學生，喜歡寫科幻小說。馬斯克給賈斯汀的第一印象並不深刻，因為賈斯汀喜歡詩意的、反叛的，以及能在視窗吹著口哨說「我愛你」的小痞子，可是馬斯克完全不是那個款。

馬斯克給她的印象就是一個帶有南非口音的普通男孩,雖然出身上層階級,但是把妹技能負分。

第一次搭訕,馬斯克說在一次活動上見到她就忘不掉了,其實那個活動賈斯汀根本就沒去;第二次見面,馬斯克來找賈斯汀,手裡拿著一個霜淇淋請她吃,而且是正在融化的那種。

馬斯克約會的方式也比較特別,那時他在矽谷創業,賈斯汀來找他玩,兩個人吃了一頓飯,飯後馬斯克給她了一張信用卡,說:「刷我的卡去買書,想買多少買多少。」馬大俠,難道你不知道「包,治百病」嗎……

結婚之後,賈斯汀才發現,有些東西難以彌合,比如馬斯克對於不完美的零容忍,以及他必須要操控一切。那時候他們有 1800 平方米的大房子,有限量版 F1 跑車,還有自己的私人飛機。但是賈斯汀在自己的伴侶面前,連撒嬌的權利都沒有。他們快節奏的生活,要求賈斯汀理性、克制,收起自己的小情緒。

有次兩人拌嘴,賈斯汀說:「你別以這種態度對我,我又不是你的員工!」馬斯克冷冷地說:「你要是我的員工,已經被炒掉一萬回了。」

馬斯克和賈斯汀的第一個孩子出生 10 周後窒息而死,而那一周正是 PayPal 的全網交易額突破 10 億美元大關的一周。孩子意外去世之後,賈斯汀難過到要去看心理醫生,而馬斯克則覺得這是一種

情感綁架，不如抓緊時間接著生。在他的安排下，他和妻子在五年之內以試管嬰兒的形式懷了兩次孕，總共五個孩子，一次是雙胞胎，一次是三胞胎，全是男孩。

億元老婆的生活並不開心，她需要陪伴、理解，穿著人字拖吃漢堡，可是馬斯克覺得這屬於產後抑鬱症的一種，主要表現就是事兒多和矯情。賈斯汀煩惱的是，兩人除了共用這一大棟豪宅，出入有人尊她一聲馬斯克太太，別的，她一無所有。已經有了很多錢，她更希望得到很多的愛，有孩子、燭光晚餐和小確幸。而馬斯克日夜糾結的則是人類的未來，那時火箭專案和特斯拉 Model S 同時遭到了資金短缺，下一步怎麼走，關掉一家公司，還是兩個專案同時被拖垮？

賈斯汀向馬斯克提出，兩個人一起去做婚姻諮詢，修補兩個人的感情。馬斯克覺得她說得對，擠出時間也去了。才去了 3 次，他就受不了，他實在是沒有心情卿卿我我，他向賈斯汀提出兩點意見：要麼，今天起停止矯情；要麼，明天就離婚。就這樣，兩人離婚了。離婚的時候，剛好是馬斯克好幾億美元身家都快燒光的時候，所以賈斯汀只分到了 200 萬美元的撫養費，還有，前夫友情贈送的特斯拉一臺。

賈斯汀離婚之後還是感覺有點不爽，主要是覺得錢分少了。接受《美麗佳人》雜誌採訪的時候說，結婚時就知道自己是「開胃菜」。接受雜誌採訪，說自己是 " starter wife "，長不了；還寫博客爆料夫妻感情不和，財產分配不公；到 TED 演講還順帶把前夫送上熱搜。

不過馬斯克對於前任的一切都表示淡定與漠視。

03

2008 年，他在倫敦的一間酒吧喝悶酒，有個叫萊利（Talulah Riley）的女孩找他聊天。這個女孩是個剛入行的演員，演藝事業發展的很一般，但是對於物理很有興趣。馬斯克覺得這個女孩很好看，關鍵是對於火箭和電動車還能聊上幾句，很好。

馬斯克給萊利看手機裡特斯拉工廠和火箭的照片，說自己是做這個的，萊利剛開始只當是開玩笑，回家之後 google 了一下，震驚不已。不管是見色起意，還是嫌貧愛富，兩個人認識幾個星期後，馬斯克就向萊利求婚了。求婚那一天，馬斯克拉著純真的演員未婚妻的手，很鄭重地說：「和我這樣的人在一起，註定會是一條很難的路，你做好準備了嗎？」她點點頭，似懂非懂。後來她才明白，這看起來是一條光榮之路，其實是一條名副其實的荊棘之路。

馬斯克有兩家公司，一家是SpaceX，在洛杉磯，一家是特斯拉，在聖約瑟，所以他每週都要坐飛機往返這兩個地方，在一個地方各待上幾天。因為特斯拉 5000 美元以上的預算都需要向他當面彙報，而 SpaceX 正在製造的火箭，每一步他都放心不下。

有位傳記記者跟拍馬斯克一個星期，發現他的一周是這樣過的：
星期一：在霍桑設計工作室（Hawthorne）從事 SpaceX 相關工作。乘私人飛機到矽谷，夜宿朋友家中。

星期二：在帕羅奧圖（Palo Alto）市的特斯拉辦公室工作，或者是在費利蒙（Fremont）的工廠工作。

星期三：在帕羅奧圖市的特斯拉辦公室工作，或者是在費利蒙的工廠工作。

星期四：飛回洛杉磯，在 SpaceX 工作。

星期五：在 SpaceX 工作。

星期六：在 SpaceX 工作，或者與他的 5 個兒子共度一段時光。

工作很忙，約會的時間當然也不多。馬斯克問萊利說：「我一周給你 5 ～ 10 個小時的時間約會，你覺得夠不夠？」萊利是個挺單純的女孩，沒有經歷過什麼大事，也演過電影。《傲慢與偏見》是她演的第一部電影，小配角，但還是挺養眼的。萊利和馬斯克相差 14 歲，她以為婚後的生活就是香衣鬢影、美酒佳餚，但是萊利很快發現，大 boss 確實很有魅力，可是和大 boss 生活也挺考驗心理素質的。

馬斯克為了維持自己的專案，也就是讓人類移居火星計畫，大多時候一個月能燒掉 400 萬美元，然後窮到吃土，先向朋友借貸，然後到處找投資人談判、注資。晚上睡在馬斯克旁邊，他因為極度緊張而在夢中尖叫和輾轉不停，搞得她精神接近崩潰。睡眠不足、過度思慮和永不止步，讓馬斯克時而暴瘦，時而恢復正常。萊利說，看著馬斯克眼底下掛著兩個鼓鼓的大眼袋，有時候看起來就像是死亡本身。眼看他起高樓，眼看他樓塌了。樓再起，樓再塌。眼看著牆倒眾人推，眼看著凱旋歸來，高呼萬歲。

2012 年，結婚兩年，認識四年，兩人離婚；

2013 年 7 月，兩人重婚；

2015 年年初，兩人離婚；

2015 年 5 月，兩人重婚；

2016 年 3 月，萊利向法院提交了離婚申請，馬斯克表示同意……

馬斯克和萊利的婚姻完美印證了《三國演義》裡那句意味深長的話——「**凡天下大事，分久必合，合久必分……**」不知道兩人以後還會不會再復合，不在一起的時候黏黏糊糊，在一起的時候有霹靂啪啦，做女人難，做名女人難，做名人的女人更難。萊利還有著粉紅色的公主夢，但是只能同甘不能共苦的女人，註定只能談戀愛，當妻子，輔佐老公上馬打天下，是不稱職的，就是坐在帷帳之中定軍心，保後方，也難堪其任。

情感節目的專家樂嘉說，他的一個讀者曾經很苦惱地問他一個問題：「樂嘉老師，我的老公安於現狀，沒有那麼有進取心，我想讓他再努力一點，怎麼辦？」樂嘉回答說：「他明明是頭羊，你非要把他培養成一匹狼，註定會失敗。」

對馬斯克這樣的成功人士也一樣，你明明愛上的是一匹狼，卻想把他培養成一隻羊，註定會很受傷吧。馬斯克並不是一個喜歡風月的人，他的大學同學說：「當所有人都在關心怎麼把妹，他滿腦子裡想的都是怎麼拯救世界。」他看不上現在的學校教育，於是他自己建了一所學校，自己的五個兒子都在裡面上學，而且學校裡沒有年級概念，自由發展。

他當年做火箭的時候想和俄羅斯人合作，結果俄羅斯人不賣給他，他一怒之下拍案而起，不賣給我，可以啊，我自己造出來讓你們看看。有汽車專欄作家在報紙上諷刺 Model S 是「一輛華麗的電瓶車」，馬斯克看到了，當眾回應說：「真是典型的白癡。」

他從不向任何人、任何事妥協，在上帝面前，他也要扼住命運的咽喉。一個想要以一己之力改變世界的人，這既是當時愛上他的理由，也成為後來離婚的理由。如果介意這種性格，當時就不要結婚。一旦總是執著於「他為什麼對我不好，為什麼不愛我」，愛情可能就會走到盡頭了。

「愛的本能你我都有，愛的能力卻需要後天學習。」

愛上一匹野馬，就盡可能給它提供草原，不要抱怨背負著的十字架，這些東西都構成一份感情本身。感情中，多三分寬厚，對人對己，天地寬。即便是「鋼鐵人」，也翻不出性格的「五指山」。

尤其是對於馬斯克這樣極具個性，又有強烈不安全感的人來說，給予他很多的愛，和很多的理解，恐怕是最好的方式吧。

贏了你，卻輸了全世界

01

基本上在二十世紀初期以前，女人改變自己命運的方式只能透過婚姻。因為出身不能改變，女人能夠從事的工作又不多，要想改變自己的階層，只能靠婚姻這一條路。於是，農民的女兒想嫁秀才，秀才的女兒想嫁鄉紳，鄉紳的女兒想嫁公爵侯爵，公爵侯爵的女兒想搞定親王。

而在 20 世紀初的英國，女人們最想嫁的鑽石王老五，就是愛德華王子（Edward VIII）——他是英國和大英帝國各自治領的儲君及印度皇儲，未來英國和大英帝國各自治領的國王及印度皇帝。

愛德華王子生於 1894 年 6 月，是喬治五世的長子，他還有一個弟弟。因為是長子，所以一出生就成為王室第一順位繼承人，也就是說，只要他能活過他爸爸，或者沒有犯重大錯誤，一旦喬治五世駕崩，他的登頂毫無懸念。

愛德華王子成年之前的人生軌跡，完全在英國王室和議會的掌握之中，他就像是一株人工培育的樹苗，健健康康、規規矩矩，就算有異常的枝杈也會被稱職的園丁「啪」一下剪掉。他的言行舉止都處在密切的監控當中，因為他的成長，關係著江山社稷，不能有半點閃失。

愛德華王子 14 歲時進入海軍軍官學校，16 歲時就到了一戰前線，雖然沒有直接上戰場，向全國人民證明他的勇敢，但這也足夠了。他為人謙遜，待人得體，品行中道，一直很受英國人民愛戴，這點讓王室和議會相當欣慰。

　　隨著他年齡的增長，關於他的另一件天大的事情就是，該娶一個什麼樣的姑娘當皇后。雖然對於普通人來說，結婚是個喜歡不喜歡的問題，可是皇室婚姻從來都是以應該不應該來看。

　　王室給愛德華王子安排了各色女子供他挑選，有各國公主、名門之後，最次也是公爵女兒那樣的大家閨秀。

　　不過愛德華統統不喜歡。

　　就像是有位哲人所說的，當一個人佔有的愈多，被佔有的也就愈多。愛德華王子從小看遍了香衣鬢影，享盡了榮華富貴，這些世間人夢寐以求、遙不可及的東西，他伸手可得。

　　但是，任何事情都是有代價的，他享受世人難以企及的富貴榮華，代價就是，用自由和選擇來交換。

　　他一直不覺得這件事情有什麼問題，直到 20 歲的王子被一位已婚婦女啟蒙了情感之後，便在離經叛道這條大路上向前邁進。

02

1934 年，愛德華王子在家中接見了辛普森夫人（Wallis Simpson）及其丈夫，作為主人，當時的他對這個美國女人甚無感覺。

但是輝煌的親王宮殿，連綿起伏的草坪以及眾多訓練有素的僕人鞍前馬後的服務，給辛普森夫人帶來了巨大的震撼。她曾經以為和第二任丈夫結婚，有公爵夫人的名頭，還能夠得到王儲的接見，已經是能夠想像到的人生高峰。

可是她親眼看見了，真正的榮華富貴就藏在這深宅大院。公爵夫人？簡直弱爆了。就像當年還是亭長劉邦來到咸陽城，他跪在高呼萬歲的人群當中，偷偷抬頭看了一眼秦始皇的鑾駕，心裡暗暗發誓「大丈夫當如是也」一樣，辛普森夫人心裡，也埋下了這樣一顆種子，就是「只有那樣的人生，才算沒白活」。

後來辛普森夫人便開始有意無意地接觸愛德華王子，對於已婚女士情有獨鍾的王子，不久便陷入了對於這位美國女人的迷戀。他發現，她雖然完全算不上是美女，但是幽默、奔放、風情萬種，和那些扭捏作態、滿口仁義道德的貴族少女相比，這才是真正的女人，這才是真正的魅力。

愛德華王子究竟是愛上了辛普森夫人，還是愛上了自由的感覺，這誰也說不清楚。總之，辛普森夫人成為他女友的時候，還沒有和第二任丈夫離婚。但是王子並不在意。

於是，辛普森女士以 38 歲高齡成功俘獲了英國最有價值黃金單身漢的心。

03

英國王室簡直要被氣出心絞痛了。之前公爵的女兒都覺得配不上王子，現在王子居然傾心於一個平民，一個離過婚的平民，一個馬上要離兩次婚的平民。這是在給王室抹黑，這是讓議員們難堪。

然而辛普森夫人並未受到這些壓力的影響，她整個人如沐春風。因為王子愛她如命，她已經按照王子的意思和律師接洽，離婚手續在穩步辦理當中。馬上要走上人生巔峰的辛普森夫人抽空給第二任丈夫寫了一封情意綿綿的信，大意是我雖身不由己，但我依然愛你。

從軍官夫人到公爵夫人到王子女友到英國王后，她一直在勇攀高峰。對於來自美國南部，無背景、無美貌而且有兩段婚史、年近四十的女人來說，她的人生宛如一部勵志大片。更可喜的是，王子對她的愛已經到了春風十里不如你的地步。

只差最後一小步，她就能榮升大英帝國王后寶座，而那意味著，她也將成為大不列顛及北愛爾蘭聯合王國王后、英屬海外各自治領的王后和印度皇后。

人生就是這樣，時運來得如此之快，再普通的姑娘也可能是潛力股。小時候因為她出身寒微而鄙視她的美國同學，她初到英國時那些權貴對她不屑的態度，她都記在心裡，過不了多久，這些人都要對她俯首稱臣。

更酷的是，她所取得的成就，任憑他們奮鬥幾輩子，也是望塵莫及。這舉世無雙的榮光，想想都要笑出聲來。

04

1936 年 1 月 20 日，在英國臣民的一片歡呼聲中，年輕英俊的愛德華王子登基，就是愛德華八世。民眾此時並不清楚王室正在遭遇怎樣的危機。因為愛德華八世執意要娶辛普森夫人，議會和王室的關係空前緊張，議會給愛德華八世兩個選擇：一、取消婚約；二、放棄王位。

愛德華八世思忖良久，決定放棄王位，在繼承王位 325 天之後，他選擇自願退位，讓位給弟弟喬治六世。

王室給愛德華八世一個榮譽名號，即溫莎公爵，不過因為實在太討厭辛普森夫人，什麼頭銜也沒給她。所以繞了一大圈，辛普森夫人還是公爵夫人。

這本是一個愛美人不愛江山的故事，溫莎公爵為了辛普森夫人

放棄王位，簡直是 20 世紀最感天動地的愛情佳話。可是辛普森夫人完全不這麼看。

隨著溫莎公爵當不了國王，她的王后頭銜隨之成為泡影，苦心經營一大圈，最後還是落了個公爵夫人。辛普森夫人對此十分沮喪，連婚都不想結了。

不過最終，他們還是在 1937 年 6 月結了婚，然後飛到法國舉行了私人婚禮。雖然婚禮現場極盡奢華，辛普森夫人也穿著昂貴的私人訂制禮服，可是她對這一切感到味同嚼蠟。婚禮舉行前，當溫莎公爵拿著她的新娘禮服站在床前，溫情脈脈地等她醒來時，她的第一句話是：「我們現在該幹什麼？」

溫莎公爵夫婦隨後和納粹搭上線。當年 10 月，他們不顧英國政府的反對，前往德國會見德國納粹頭目希特勒。據英國最近解密的資料來看，希特勒曾經許諾溫莎公爵，如果他能夠幫忙搞到英國情報，將幫助他重新奪回王位。 辛普森夫人聽到這話才又感覺到有些希望。1940 年，納粹德國已經有一個詳細的計畫，準備在登陸英國後將溫莎公爵扶上英王寶座。不過英國情報部門及時察覺了這一陰謀，首相邱吉爾任命溫莎公爵為巴哈馬群島總督，讓他走得愈遠愈好。

辛普森夫人的第二次機會，是在 1946 年。喬治六世因為長期吸煙，患上了嚴重的肺癌，繼承人問題擺在王室和議會面前。當時伊莉莎白二世也就是現在超長待機的伊莉莎白女王剛剛 23 歲，很多人

認為她難當大任。

於是有人建議，不如把溫莎公爵請回來，繼續做國王。

溫莎公爵也聽到了這一消息，躊躇滿志地打算重新拿回自己的河山。1946 年 3 月 19 日，溫莎公爵在信中和一位朋友遮遮掩掩地說：「關於我們在巴黎討論的那個話題⋯⋯目前形勢對我們很有利，我有百分之五十的勝算。」百分之五十是勝算，但是另一百分之五十是什麼也沒有，什麼也得不到。

因為一直沒有被邀請回國，辛普森夫人一天比一天焦慮。1946 年 7 月 18 日，她在密信中說：「毫無疑問，我們應該做些什麼了──也許一場雷電交加的暴風雨能使空氣變得清新。無論如何，我不能眼睜睜地看見溫莎公爵錯過這一機會。」

不過令辛普森夫人大失所望的是，喬治六世又奇跡般存活了六年。六年後，伊莉莎白也站穩了腳跟，溫莎公爵永遠只是溫莎公爵了。而辛普森夫人，就像是眼看著心愛之物掉進水裡，一點一點被漩渦裡的污泥吞噬，自己卻毫無辦法。

辛普森夫人和溫莎公爵的晚年，就像是大多數老年人一樣，寂寥、無聊。有人問他們的朋友說：「你覺得他們後悔嗎？」他們的朋友回：「有，各自都有後悔。」

也許溫莎公爵在落滿鳥糞的巴哈馬群島，會懷念曾經金碧輝煌

的大房子；也許當他躺在法國一間普通民居的搖椅裡，會幻想自己和曾經正眼都不願瞧一眼的丹麥公主結了婚，有三個小孩，其中老大是個兒子，他彬彬有禮，以後會成為英國的國王。

也許辛普森夫人某天看著溫莎公爵笨手笨腳對她好的樣子，會想像如果當時選擇只做國王的情人，現在也不用像是吃了蒼蠅似的，有種說不出的憋屈。

所謂愛美人不愛江山的傳說，還在這個世界上口耳相傳。很多傳奇都是因為虛構而變得傳奇。而歷史真相往往隱匿在那最深處的角落。這角落裡有邪念，有脆弱，有天真，還有不相信因果。一旦真相被揭開，結果往往讓人面紅耳赤，唏噓不已。

選擇自己能承受的生活
or 承受自己選擇的生活

✦

01

「如果你不能包容我最差的一面，那麼你也不配擁有我最好的一面。」

你可能見過這句話，但是可能不知道它的出處。這句話來自於瑪麗蓮・夢露，好萊塢鼎鼎大名的性感女星。

瑪麗蓮・夢露，1926 年 6 月 1 日出生於美國洛杉磯。她的老爸在她出生之前就沒了，跑了。夢露的老媽確實把她生下來了，但是只生不養，九年之後，夢露的媽媽仍然接受不了之前被拋棄的事實，被關進精神病院。夢露無家可歸，被寄養在親戚家。

其實她的原名不叫這個，夢露是她的藝名。她的頭髮也不是金髮，本來是褐色的，只是為了營造金髮碧眼的形象，公司讓她把頭髮漂染成金色。她也接受了，為了能夠有更好的發展。

當時她在紡織廠做女工，每天穿的是最普通的工服。有攝影師覺得她很漂亮，說：「你真漂亮，我想給你拍幾張照片，激勵前線的戰士。」她同意了，報酬是一個小時 5 美元。而夢露在工廠工作的報酬是，連續工作 10 個小時，獲得 20 美元。

從此之後，夢露開始平面模特兒的生涯，立志要進演藝圈。

因為內心的不安全感，她 16 歲的時候開始自己的第一次婚姻，起碼這樣算是有家了。但是電影公司都不喜歡已婚的女孩，因為覺得她們總有一天會生孩子，影響賺錢，實在是太麻煩。夢露當時只有 20 歲，而結婚不過是一個 16 歲的孤兒能做出的最實際的選擇。所以在各方面的壓力之下，她和第一任丈夫在第四年就離婚了。

28 歲，夢露和著名運動員喬‧迪馬吉奧結婚。當時喬正準備從職業生涯隱退，而夢露的事業正值中天。不過這段婚姻只維持了九個月就離婚了。

起因就是那張紅遍全球的照片。這張照片本來是夢露的新片《七年之癢》的宣傳照，根據影片的設定，她要在出風口捂著裙子做嫵媚狀。那個年代安全褲還沒有發明出來，為了讓丈夫好受一點，夢露提前在家裡面已經穿了兩層內褲，但是燈光一打，發現並沒有什麼用。

1954 年 9 月 15 日凌晨，圍觀的影迷眾多，甚至有人提前一天就買通了下水管工人，就為了偷窺這一刻，也是夠猥褻的。夢露的第二任丈夫喬‧迪馬吉奧也在狂熱的人群當中，當時他想砍人的心都有了。「喬的臉色像是死人一樣難看。考慮風化問題，夢露已經穿了兩件內褲，說句公道話，她是絕對想不到弧光燈打過去是多麼厲害。」

回去之後，夢露就被家暴了……沒多久就離婚了。

喬是一個很深情的人。從和夢露保持關係的眾多男士中來看，他是真的用心愛她的。只是他覺得夢露應該是一個賢妻良母，如果她實在是做不到，起碼應該減少暴露身體的次數，去演一些更加典雅的角色。但是夢露正年輕，沒有在乎他的建議和感受。

夢露的第三任丈夫是劇作家米勒。夢露欽佩他的才華，但是結婚不過四年，他們也離婚了。婚姻中米勒發現，夢露並不像鏡頭前那般光鮮，她極度敏感和脆弱，每天晚上服用過量的安眠藥才能夠入睡。極度驕傲，又極度自卑，她渴望獲得關注，又會厭惡人群。她實際上精神恍惚，但是一到鏡頭面前就神采奕奕。

和米勒離婚之後，夢露捲入到政治當中。

1961 年，夢露經人介紹認識了被譽為最有才華的美國總統約翰・甘迺迪。夢露不是甘迺迪唯一的情人，他同時和好幾位女性有接觸，同時，他還有一位舉止得體、深受美國人愛戴的第一夫人賈桂琳。夢露是當時的總統約翰・甘迺迪和他的弟弟羅伯特・甘迺迪兩個人的共有情人。1962 年 5 月 19 日，距離夢露死亡不到三個月的時間，她在公眾場合唱了一首生日歌送給甘迺迪，一句「Happy Birthday Mr. President」被她演繹得千嬌百媚。

甘迺迪很生氣，這等於向全世界宣告了他們的地下情，簡直不把狗仔放在眼裡。而且他得到情報，夢露在有意無意炫耀她所知道的甘迺迪家族內幕，這些可以是下飯菜，也可以成為他的絆腳石。夢露還給賈桂琳打電話，說自己馬上就會成為第一夫人，甘迺迪承

諾過她。賈桂琳淡淡地說：「你來吧，來承擔第一夫人所有的責任。」

1962 年 8 月 5 日，夢露毫無徵兆地死在自己的寓所當中，全身赤裸。屍檢報告稱她是服用過量安眠藥自殺，但是她的臥室沒有找到水杯，身體沒有抽搐痙攣，口中沒有吐白沫。她生前的日記和一封沒有寫完的信，也不翼而飛。夢露一生結婚三次，流產十三次，一直想有一個自己的孩子，最終也沒有完成這個簡單的願望。她的第二任丈夫得知消息之後趕到現場，號啕大哭。夢露最後那封沒有寫完的信是寫給他的，而他們本來定於兩天後舉行婚禮，正式重婚。

官方的說法是，夢露是自殺的，她就是因為有家族精神病史，所以吃了安眠藥。有法醫站出來說，夢露是被過量毒藥毒死的，因為她死前沒有服用大量的清水，卻在體內發現被注射進毒藥。而事發當天，有人描繪說，親眼看見總統進了夢露寓所，然後匆匆離開。還有人說，夢露沒有死，她其實被甘迺迪兄弟送到了澳大利亞，在全國媒體眼皮底下下葬的那個人根本就不是她。澳大利亞某小鎮的人說，確實有一位漂亮女子，長相酷似夢露，在這個小鎮一直生活，有美國口音，喜歡笑，嫁了人，還有自己的孩子，長得很可愛。

夢露之死，被暗殺和陰謀論描述的大受歡迎，因為給偶然事件穿上神秘外衣，是緬懷傳奇時最能夠滿足自我的方式。夢露活著的時候是什麼？是勾引，是欲望，是票房，是有傷風化，是娛樂版的頭條新聞。

她走了，卻留下了無數的大師、開山鼻祖和有錢人……

裸照的拍攝者湯姆・凱利，他把照片分別賣給了兩家月曆公司，讓自己成為攝影大師，賺了好幾千萬。她 25 歲時拍的裸照，則是被一位兜裡只有 600 美元的男士，以 500 美元的價格買下。他叫休・海夫納（Hugh Hefner），隨後創辦了一本雜誌《Playboy》，中文名叫《花花公子》，把夢露的裸照放在封面，狂賣 5 萬冊，自己都嚇傻了。後來建立起《花花公子》帝國。另外，風靡一時的《蒂凡尼的早餐》正是以夢露為原型創作的，當年小說改編成電影選角時，夢露沒有演成，最後選了氣質優雅的奧黛麗・赫本，成為經典。

夢露在家裡暴斃，她的粉絲懷著沉重的心情畫了一幅夢露的肖像畫，成為波普藝術的始祖。你一定知道這個人，他叫安迪・沃荷（Andy Warhol），美國的藝術家，也是普普藝術的開創者之一。你也一定知道這幅畫，但是你可能不知道這背後是一個多麼悲傷的故事。

她走了，成了所有男人心中的朱砂痣。

一年之後，她的情人甘迺迪總統被反對者一槍爆頭，當時的場面極為震撼，第一夫人賈桂琳就坐在旁邊，眼看著自己丈夫的頭蓋骨被打飛。賈桂琳不顧危險，爬到車後面撿起自己丈夫的頭蓋骨，沾了一手腦漿……而前排的人早就嚇傻了，把頭縮在車窗後面不敢出來。所以鄧文迪女士為前夫拿鞋凶別人根本就不算什麼，人家可是直接去撿頭蓋骨的，這才叫厲害啊。如果夢露還活著，會不會想起賈桂琳說的，「你只看到第一夫人的光鮮，你願不願意承擔第一夫人的責任」這句話呢？

「她本是一個街角朗誦的詩人，卻總是有人要拉下她的衣角。」

但凡是比一般行業要光鮮許多倍的職業，也會比一般行業要殘酷許多倍。政治家、演員，都是如此。其實夢露有多性感呢？現在看來真的是還好。可能她的性感就是一種介於女孩和女人之間的純真和熱情。她代表著美國夢，一種靠自己的努力就能獲得自己想要的東西的美國夢。

夢露的悲劇就在於，所有人都教她做夢，沒有人教她怎樣醒來。而對於那些人來講，因為沒有人能夠包容她最差的一面，所以也沒有人見過她最好的一面。

所有的婚外情都覺得自己是最真摯的感情，最壯闊的史詩，實際上，沒有任何正當性可言，而當事者自己，最後也會為想要追逐的生活，付出了代價。

02

在電影《徵婚啟事》裡，劉若英飾演臺北某醫院的眼科醫生杜家珍。她的男友莫名失蹤，無法走出情傷的劉若英選擇相親。我想忘掉一段感情最好的方式，就是開始一段新的感情吧。

她像是按時上班一樣去相親，所有人看到圓圓臉的她，相貌清秀的她，有體面工作的她，都很吃驚，說：「你為什麼要來相親？」她笑笑說：「因為我想結婚啊。」

她閱人無數。見過吃檳榔的技工，惡搞的高中生，偽裝自己的當紅演員，找小姐都要省錢的色情狂，還有似乎擁有能夠看透人心力量的小學教師。

他看出杜家珍心事重重，他說：「一切都是選擇，選擇你所能承擔的。」人做任何決定，都是兩難之間搖擺。尤其是要進入危險關係當中，要麼選擇自己能承受的生活，要麼就承受自己選擇的生活。

你選擇了任何一條道路，都會離另外一條道路愈來愈遠。

所以**年輕人最需要辨別兩個詞，叫誘惑和機會**。就像是夢露的人生一樣，如果能分清，可以少走很多錯路。

如果你覺得很孤單，需要錢需要人愛，恰好你有點姿色有點身材，有人願意等著跟你結婚，可然後呢，你想想，你就是要做富太太，還是做個家庭主婦，這樣的生活對你的意義是什麼？人生的樂趣是什麼？跳舞，打球，看書，聽歌？這也是一種很好的生活，但是太容易得到的東西人就不珍惜。

開始我以為這句話表明了人品問題，其實不是，這表明了人性問題，人若不成長，人若跟自己妥協了，只會愈陷愈深。**人只有長大，唯有長大才是救自己的路。可以逃跑，選擇逃避的人生，但逃掉的一定會找回來。**

那些消耗生命的人和事，
都是你自己允許的啊

01

曾經熱衷於當老好人的我，其實也是一個不太懂拒絕的人，我也不知道這種性格是從哪裡來的，反正從很小的時候開始就緊緊和我在一起。

前段時間我加入了一個團隊，六七個人共同推廣一個產品。大家都是在兼職做這件事情。我在團隊裡面負責運營博客，每次發佈之前，都把寫好的預覽版發在群組裡面，大家看過，提意見，最後修改到所有人都覺得合適，再正式發佈。

團隊裡有人在國外，還有時差，我們睡著人家醒了，我們醒了有的人還在睡覺。所以每個人對於博客的內容都會在不同的時間點提出，這個群組從早上7點一直到凌晨3點，你都能夠收到瑣碎的、五花八門的修改意見，關鍵是誰說了都不算，誰說的都感覺特別有道理。

我最開始的時候，只要是別人提問題，我就修改，回饋在群裡面。只要大家又覺得改得不好，就推翻再重來。

有位同事說，我覺得應該多插一些圖，把事情講清楚，大家都

覺得靠譜。我苦哈哈的找了一上午圖，插入上傳，還要配文字，調整格式，最後大家看了一下說，還是不要圖好了，就保持原來的樣子。我一版接一版的改，是因為我對於這件事情的責任感，我的價值觀告訴我做所有的事情都要有始有終。但是就是因為可以快速的給到最新版的修改方案，他們覺得你有大把的時間，可以耗在一篇文案上面。因為你跟別人相比，你沒有孩子，沒有時差，沒有累人公務。……

當時我就覺得，這件事情可以適可而止了。沒有人會尊重你的時間成本，當然大家都是為了做好一件事情，只是結果就是呈現出來的這個樣子。所以我的應對措施是這樣的，預覽發出來，讓大家先在群組裡面提意見，我每天只會收集一次問題，就是在晚上九點，看見的，一次性改完。來回這麼幾次，大家也知道提高效率了，畢竟沒有誰的時間是那麼理所當然的。

我可以繼續留在團隊裡面當老好人，為了當時加入團隊的初心，為了都是熟人不好意思退出的面子。但是當我發現我還有更重要的事情去做，我就退出了這個團體，在我寫完一系列的文案之後，善始善終的，告別。

所以，想清楚你的方向，管理好自己的時間，再高效率的行動。不要試圖用自己的時間去討好所有人，如果連你自己都不尊重自己的時間，那就別指望別人表現出尊重。

02

不懂得拒絕，傷害的人只有你自己。

我有一個大學同學，特別樂於助人，憨態可掬，實際上也是這樣，老好人一個。

班裡面沒有人想做的事情，老師打電話給他，他準有空；同學想要幫忙找他，他擠出時間也會來幫你，因為他人高馬大的，一般好事也輪不到他，找他的也就是電梯壞了幫忙把箱子搬到樓上去，或者回家行李太多麻煩幫忙送到火車站。

他是我見過最誇張的老好人，當時我們班 20 個女生，有 15 個女生都是他送到火車站的，男朋友送到校門口的公車站，他則送到火車站外加買站臺票送上月臺，比男朋友還好用。

作為一個好脾氣的學霸，他的人生就是學習＋幫忙。後來他要考研究所，大四那一段時間尤其忙，我給他打電話，告訴他有一場考研究所英語的講座，他可以去參加。他聲音壓得很低，說：「我在校醫院呢！」

「你生病了？」
「不是我生病，我高中同學妹妹的閨蜜從東北過來，在校醫院打點滴，覺得很無聊沒人陪，讓我來陪她……」
「從來沒聽你提過這個女生，你們很熟？」

「不熟啊，第一次見。有講座是吧，可是我現在真的是走不開⋯⋯」

在時間和經歷都有限的情況下，所謂的不拒絕，一定會對人造成傷害，包括自己。

找他幫忙的女生很多，但是真正願意和他在一起的很少。他的善意總是在被利用，過了很多年，還是沒有人願意對他付出等額的關心。

03

「請對拿著糖果誘惑你的陌生人 Say No。」

曾經在一本書上看過這樣一個例子，匈牙利一位作家想寫一本書，準備去採訪多位企業家、藝術家和生意人，總之就是世人眼中值得被瞭解和關注的成功人士，他沒想到，90% 的人都透過郵件或者電話的方式，婉拒採訪。

美國著名的管理學家彼得 · 杜拉克（peter drucker）在百忙之中抽空回信了。他說了這樣一段刻薄，但是經典的話：

「創造力的秘密，是需要有一個非常大的垃圾桶來處理所有的，包括您的邀請函。就我的經驗，創造力包括不要幫助別人做任

何的工作，把你所有的時間都來做老天爺要你做的事情，然後，做到最好。」

　　這個世界上到處都是拿著糖果來誘惑你的陌生人，他們讓你留步，聊上幾句，他們讓你跟他們走，他們打亂你今天晚上所有的計畫，你本來是打算要回去寫 2000 字或者到健身房流汗一小時的，但是你就這樣不知不覺的跟著陌生人走了。

　　最終一事無成的會是這種人，因為他們不珍惜自己的時間，他們也永遠搞不清楚重點，分不清楚什麼是主要的，什麼是次要的。就像是中央空調男生和長久以來都不會說「不」的我一樣，我們覺得說「不」很無禮，很不優雅，有損我們老好人的形象。

　　但是實際上，沒有人會在乎我們的心理鬥爭。

04

　　親愛的你，一定要學會說不。有條不紊的人生從學會說「不」開始。

　　首先，沒有人會喜歡中央空調。真正有吸引力的人都是擁有堅定態度的人。那些大學裡面的男生，尤其是學生幹部，答應陪女朋友去吃霜淇淋，又被踢球的哥們兒叫走吃串燒，再被輔導員叫回來開會的，最後基本都會變成前任了。

因為他們想要討好的人太多，想要擁有的太多，分不清主次。明明有女朋友，表現的卻像是單身貴族一樣，女生為什麼要和這種讓世界充滿愛的人在一起？

　　其次，不會拒絕本身就是一種自私。

　　因為不去拒絕別人的請求，等於是為了維護自己在別人心目中的好印象。所以在無能為力的時候不會說不，看著有些人得寸進尺也無法抽身。但是實際上，我們只會因為能力而得到工作，只會因為專一得到愛情，也只會因為交付真心而得到友情。這所有寶貴的一切，都不是利用弱雞的善良而獲得的。

　　沒有人會因為你的硬撐而理解你。實際上，那些總是讓你做事情的人，都是比你強的人。你不去幫，他們可以自己去做，或者找到更合適的人去做，絕對不是非你不可。我退出團隊之後，馬上有一個更能幹、專業更對口的男孩子補進裡來，而且比三心二意的我做得好多了。

　　所以，不想做的事情，早點提出，早點退出，對於你，對於利益相關的別人都好。你不用充滿怨念的承擔不想承擔的工作，一身清爽，團隊也及時找更合適的人，皆大歡喜。

05

「醒醒吧，你的時間本來就不夠用。」

如果你不會說不，你就把這句話記在心裡就好了。那就是「時間的算術很簡單，是永遠不夠用的」。

即便是再清閒的人，每天的時間都是不夠用的，我們要上學要工作，要吃飯要洗碗，要陪女友要看家人，有的人甚至還有更大雄心壯志，要創造精彩，要改變世界。

拼命努力時間都不夠，哪來那麼多時間計算面子上的得失和矯情？

當你不會拒絕的時候，不會拒絕老師讓你做你不想做的事情的要求，不會拒絕同宿舍的說晚上一起去玩通宵的要求，工作了也不會拒絕領導讓你哪裡艱苦去哪裡的要求，這樣的人生勞碌、而且一無所獲。

物聯網之父在《如何讓馬飛起來》這本書裡面提到，狄更斯為什麼能成為大作家，寫下流傳千古的文字，就是因為他知道自己最重要的事情就是寫作，而寫作的狀態必須是專注，哪怕就是出門半個小時，事後卻需要花上幾個小時的時間來重新凝聚注意力。

所以他拒絕朋友的邀請：「只有半個小時，只去一個晚上。人們一而再，再而三的這麼說，但是他們不知道，要讓一個全神貫注

的人撥出來五分鐘，是根本做不到的。我很難過，可是我必須堅持自己的道路。」

時間是最公平的，人人都一樣，一天二十四小時，一星期七天。

當你當老好人當得心安理得的時候，有位貧窮但是上進的單親媽媽叫做 J‧K‧ 羅琳，帶著兩個年幼的孩子，在倫敦的小咖啡館裡面寫出了《哈利波特》系列小說，現在成為英國最富有的人之一，而且讓這個世界上，有了一群幸福的哈迷存在。

當你抱著怨念又效率低下的做著自己不喜歡的事情，想要退出但遲遲下不了決心，有些人已經過著你所羨慕的人生。你掐自己的大腿說，哎呀，早知道跟他一樣就好了！

總之在成長這條道路上，想要一條道走到黑 [12]，你最應該呵護的不是別人的玻璃心，而是你自己的。

找回童年失落的那一角

春節的時候我和我爸在家裡喝了點小酒，我就問他：「你知道我小時候印象最深的是什麼事嗎？」我爸說：「是不是我有一次去杭州，給你買了一條蓬蓬裙？」我說：「不是。是我拿著你最貴的手錶出去玩，然後出門就跟被詛咒似的摔壞了，回去之後你跟我說，沒事。」

我爸從小對我的要求和管教都很嚴格。那年暑假，我大概六七歲，鄰居家的小夥伴來找我出去玩，我爸跟我說：「你要八點回到家。」我點了點頭，正準備衝出家門。他想了一下，發現我沒有手錶，院子裡也沒有時鐘，我知道幾點回家的可能性為零。況且對於北方的夏天來說，八點的黑和十點的黑看起來真的差不多。

那時候，我們住在部隊家屬院，沒有自己的廁所，沒有自己的廚房，剛剛發生戰友的女兒在公廁門口差一點被人販子抱走的事件，家長們都比較警惕。

他想了想，到櫃子裡小心翼翼地拿出一個天鵝絨盒子，打開是一隻金光燦燦的手錶。我知道這個手錶，是爸媽結婚的時候，我阿姨也就是我媽唯一的妹妹，送給他們的禮物，香港買的，據說很貴。

當時地產大亨潘石屹在海南炒房地產掙了好幾千萬，我們家最貴的電器還是一台黑白電視機。這只手錶的身價是這台電視機的好幾倍，是我爸握在手裡，握化了都捨不得吃的那顆糖。「這是我們家最貴的東西，你拿好，八點準時回來。」我鄭重點頭，他不放心，又攥著我的手使勁握了一下，說：「千萬別摔啊！」

據說小時候經常摔跤的孩子都是小腦發育不完全，我有幸是這大軍中的一員，尤其是到了夏天，上樓摔，下樓摔，平地也能摔。我萬萬沒想到，一語成讖。我家住在二樓，那天，我就在樓梯口處，被自己絆倒了……

周圍沒有任何障礙物，頭頂有燈，腳底沒有抹油，沒有豬隊友。我就這樣毫無防備地摔倒了。我當時都傻了，大腦一片空白。昂貴的手錶摔得面目全非，錶盤上的玻璃碎成渣渣，本來錶盤裡還有一圈小珠子，也摔得七零八落，找都找不回來。

我完全不知道回去該怎麼跟我那嚴厲、不通人情的老爸講。我六點出的門，小夥伴見狀嚇跑了，我一個人在樓梯口默默枯坐到八點，不敢回家。根據我爸一言不合就訓人的個性，我實在是怕死了。

八點了，我必須要回家，主要是避免矛盾激化，如果我拿著手錶還不回家那就是罪加一等啊。我哭喪著臉回家，握著手錶讓我爸看，他居然沒有批評我！沒有訓話，沒有罰站……他的口氣出奇的平靜，簡直像是觀音菩薩般慈祥：「按時回來就好，手錶我拿去修。」

那一瞬間，我感覺生命的鮮花開得滿山遍野，就像是考試沒考好，老師雲淡風輕地告訴你：「你不用叫家長來學校了……」

這種劫後餘生的感覺，才是童年的我心目中的小確幸啊。

長大之後，這件事情經常會跑到我的腦海中。尤其是當我想要對別人發飆，想要以智商優越感和經歷優越感虐別人的時候，這是我克制自己的靈藥。

諒解永遠是比詛咒更加令人感恩的存在。尤其是當你不知道這個人經歷了什麼的時候，你可以成為壓斷他的最後一根稻草，也可以成為救贖他的那一抹彩虹。

02

2016 年春節的時候我家來了一條流浪狗。

初五那天，我和爸媽去送我二姨回家，有一團白色的東西在我們周圍竄來竄去，仔細一看，是一隻小狗，我媽想把它帶回家，但是又擔心只是別人家迷路的小狗，主人還會找它回家。我二姨從年輕的時候就開始養狗，流浪狗也收養過好幾條，她比較有經驗。

她看小狗一直跟著我們，就蹲下身摸摸小狗的毛髮，說狗毛裡面全部是蒼耳 [13]，可見平時是睡在草叢和野地裡面的，是流浪狗。

我們家從來沒養過狗，我爸是軍醫，特別愛乾淨，屬於掏個錢都要洗手的那種人，因為看不見的細菌讓他無法忍受……他想了想說，那就抱回去吧。

抱回家之後起了個名字叫跑跑，因為是跑進我們家的嘛。他先是給跑跑洗澡，又辦卡剃狗毛，治皮膚炎和潰爛的藥買了一大堆。

辦卡的時候，他問獸醫：「這隻狗是什麼品種？」獸醫雲淡風輕地說：「就是最一般的土狗，中華田園犬 [14]。」我爸還計較起來了，說：「我找人看過了，這是銀狐！」獸醫立馬認同他說：「對，就是銀狐……」我無以回答，唯有給獸醫的 EQ 按讚。

我爸平時也不怎麼聯繫我，一找我就是——
「在嗎？給跑跑買點零食吃，補鈣的那種。」
「上次買的春裝穿上有點熱，再買幾件夏裝，要全棉的，不然穿上不舒服。」
「狗糧吃完了，你看著買幾個別的牌子，讓她也換換口味。」
……

對於我爸養狗這件事情我一直覺得非常奇怪。一個從來沒有養過狗的人，一個摸一張鈔票都要洗手的人，一個早上睡到自然醒從來聽不見鬧鐘的人，養狗最起碼要經過一番心理鬥爭吧。況且我們在外面看到任何乾淨又可愛的狗，都不知道主人在家裡花了多少心思啊！那天我們倆聊天，我爸才跟我講了他小時候的一件事。

當時他大概不到十歲的年紀，家裡有一條中華田園犬，叫小黑。當時他要走十幾公里的山路去上學，每週回家一次。每次回家，小黑都能老遠就認出他的腳步聲，第一個衝出來迎接，撲過來撒嬌要抱抱。

　　有一個學期，家裡實在是拿不出錢交學費，欠公社的學費還沒還上，不好再借錢了。那天家門口來了兩個收狗的人，我奶奶說：「那就把小黑賣掉，給你當學費吧。」

　　我爸在旁邊站著不出聲，只見那兩個收狗的人拿著鐵棍和籠子要過去收小黑，小黑也很聰明，知道他們要收自己，奮力逃命。收狗的人就拿傢伙來逮它。

　　一番混戰，小黑被打折了一條腿，尖叫著踉蹌而逃。收狗的人悻悻而去。

　　第二天我爸坐在院子門口發呆，突然看見一個一瘸一拐的小身影，在離他十公尺的地方看著他。是小黑！他站起來，要去迎接牠，牠遠遠地站著不動。他呼喚「小黑小黑」，小黑卻轉身跑走了。

　　他無比內疚，他永遠忘不了那一刻的凝視，好像是從命運的深淵，一直要看到他的靈魂當中。那個譴責的眼神讓他畢生難忘，哪怕是小黑上來咬他也好，都沒有。

　　從此之後他不敢養狗。

見到跑跑，我爸覺得可能是小黑來找他了，快六十年了，鄭重的，給他一個補過的機會。除了毛髮不像，這只小狗和小黑長得真的很像，給人一種宿命的恍惚感。

那天我爸多喝了點酒，叫一聲小黑，淚如雨下。

03

童年對一個人的影響將貫穿我們一生。

年輕人會覺得老一輩人的生活方式不能理解，比如吃飯一定要吃得一乾二淨，比如衣服剪了當桌布，桌布破了當洗碗巾，洗碗巾破了洗洗當廁紙，然後才放它們回到大自然……

你質疑他們，他們會痛心疾首地說：「那是因為你沒有嚐過餓肚子的滋味！」然後就開始講小時候自己頭頂飛著轟炸機，還要拉著弟弟妹妹到樹林裡挖野菜吃的經歷。談到現在的生活，特別滿足。

我也有長大之後仍然覺得自己無比缺愛的朋友，他們總是會說，因為小的時候無比缺愛，所以長大之後假裝高冷，實際自卑；假裝自己早熟，實際上是因為不知道怎麼撒嬌。

我們每個人現在的樣子，都是過去一切經歷的總和。

很多人都說童年無憂無慮，其實並不盡然。有些人的童年有傷痛，有懼怕，甚至有暴力和死亡。但是這些並不能成為長大之後懦弱、無常、不負責任的藉口。

我們的心病，我們的驕傲，我們的柔軟，我們的堅強，都有據可查，不要把童年活成我們的軟肋，而要活成我們的鎧甲。

即便是人生如此艱難，也希望有不幸童年的人，有童年缺失的人，負重前行，低開高走。一念成佛，一念成魔。

時間會教我們善待一切，尤其是要和過去的經歷和解，和自己和解。夜再黑暗，也有明媚時。這才是不完美的童年帶給我們最好的禮物。

願每個人都活成自己喜歡的樣子。

註 10　《易經》乾卦的爻辭。

註 11　把不同內容、性質的東西收下來，保存起來。

註 12　中國北方俗語，形容很堅決在一條路上走下去，是好的意思。

註 13　一種草本植物。

註 14　一般泛指分布於長城以南，青藏高原以東，以中原為中心的低海拔的漢族集聚地的狗，亦稱土狗。

Chapter 5

我們和這個世界，只差一個專法

對於大多事情來說，完美比完成更重要。

同樣都是付出汗水，
多那麼一點點用心，
結果就是雲泥之別。

我們和這個世界，只差一個專注

01

那天在車裡聽廣播，聽到電臺主持人為《我是歌手》的決賽打抱不平。作為一個沒有網癮的大齡女子，這個節目我沒看。聽到主持人這麼有正義感地撥亂反正，我特地回去找了視頻來看一下。

事情是這樣的，《我是歌手》第四季決賽規則是歌手本人加上幫唱嘉賓，最終選出誰是歌王。老狼請了自己的搖滾老炮兒[15]朋友來當自己的幫唱嘉賓，李延亮、周曉鷗、汪峰，總共十位，來了中國搖滾的半壁江山。比賽之前汪峰接受記者採訪，意思是這麼大的陣仗準贏，沒有問題，畢竟他們很老炮兒，很大師，喜歡他們的人很有品味。

決賽現場，老狼張嘴的那一句，我還是挺感動的，然後就是各種走音，各種以彩蛋形式走音。《曉松奇談》前段時間還特地用兩三集的時間講了搖滾老炮兒，聽得很多人追憶青春，他們是從這裡得到的演出靈感嗎？我不知道。看完之後，我很不厚道地想起《老炮兒》裡的那句臺詞：「這個時代已經不屬於我們了，但今兒攤上事兒了，咱得把場子給六哥撐住嘍！」

繼續說廣播裡的女主持在打抱不平什麼，她是說，首先，這些人代表著一種情懷，所以走音什麼的並不重要，重要的是要對走音

這件事情表達同情之理解，同時明白，有些人上來不是為了讓你的耳朵懷孕的，而是為了讓你回憶起縱橫四海的青春的。還有一個理由就是，因為老炮兒們都比較灑脫，所以比賽前一天的彩排，沒有一個人到現場調音準，所以現場效果不好很正常。

我相信對於真正愛搖滾的人來說，熱愛比懂得更重要。可是真正愛搖滾的人，就是平時裡不練歌也不保養嗓子，上場前不彩排也不調音準，體態臃腫得像是過早發福的中年大叔嗎？這就是所謂的熱愛，所謂的專業精神嗎？

拜託你們認真點好嗎？

情懷很寶貴，但是用多了就顯得便宜了。不過嘲諷情懷仍然是很有風險的，很可能被人嘲笑說是沒青春，被人鄙視說是沒文化。有些自我辯白沒有必要，無非是把簡單的複雜化。扯掉情懷的遮羞布，除了讓等待已久的粉絲發現等待都是枉付，讓久聞其名的觀眾覺察徒有虛名，讓熱愛你的更加想要歌頌過去，別的，所剩無幾。

02

胡適寫過一篇文章，叫《差不多先生傳》。他說：「你們知道中國最有名的是誰嗎？不是達官顯貴，不是皇親國戚，而是一位叫差不多先生的人。這個人我們人人都認識，他的口頭禪是：「只要是差不多，就好了，何必太精明？」

他去坐火車，覺得 8:38 和 8:36 差不多，今天走和明天走差不多，從北京去上海和從天津去上海差不多。結果就是他總是趕不上那趟火車，又埋怨不過兩分鐘的事情，為何火車不願等他。他得了重病，讓家人去請東街的王大夫。家裡人也覺得差不多，沒請東街王大夫，請了西街的汪大夫，看起來差不多。實際上汪大夫是個獸醫，差不多先生就這樣一命嗚呼，臨死前想的還是，生和死……也差不多吧。

這個故事，說的是差不多先生，講的是你，是我，是我們平時裡稱讚他們灑脫，關鍵時刻卻難堪大任，讓人希望愈大失望愈大的那些人。

我們在每件事情上面細節的努力，都會造成結果的不同，看起來差不多，其實結果相差很大。這中間，差了專注二字。

那天我到大阪的 Outlet 逛街，去得比較早，坐在園區裡面的長凳上等商家開門，每個長凳旁邊都有遮陽傘，供購物者休息和遮陽。我坐在那裡，看見有個穿著制服的年輕小夥子，應該是工作人員，逐個檢查遮陽傘，看到有哪個傘走線不結實，就從制服口袋裡面掏出針線細細修補。當時天氣很好，一個年輕人在藍天下認真修補一把在旁人看來根本無所謂新舊，無所謂好看與否的遮陽傘，突然讓我覺得很感動。

我們和這個世界，只差一個專注。專注地唱一首歌，專注地做一件事，專注地愛一個人。專注的力量真的可以無窮大，大到認認真真為一隻遮陽傘縫紉，都可以讓一個陌生人感到這個世界何其美好。

03

香港作家蔡瀾在他的書裡面提到過東京一家拉麵店，店面不大，可是很有名氣。這家店收學徒有個規矩，前三年只能做一件事情，就是熬煮拉麵湯，別的事情不許做，桌面都不許摸。有人覺得這樣很苛刻，就問老闆說，為何要這樣嚴厲？有的事情差不多就行了。老闆則不以為然，說：「我讓學徒用三年的時間只做一件事情，目的就是為了保持水準。真正的好味道是不會今天鹹點，明天淡點的，這也是我們成為百年老店的秘密。」

無數事實告訴我們，對於大多事情來說，完美比完成更重要。同樣都是付出汗水，多那麼一點點用心，結果就是雲泥之別。

有人在文章裡寫，水果店裡好看的水果都要擺在第一排，不好看的水果擺在裡面，就像是士兵接受檢閱一樣，站在前面的都是挑出來的好苗子，屬於門臉兒，要精心修飾，讓長官滿意，也給自己討個好價錢。差不多這種心態也一樣，屬於擺在第一排的蘋果，當當門臉兒還行，打開一看，全是糟粕。

我相信搖滾老炮兒本可以唱得更好，就衝著這可能再也不會有的時代大聚會，衝著那麼多喜歡他們的人，衝著曾經是一個時代的符號，他們就應該努力並且精進，把這難得的一次機會，打磨得盡善盡美。就是再怎麼不在乎名次，您也別這麼亂來啊。

所以說，這個世界上最尷尬的莫過於實力不夠，情懷來湊。情懷這東西，老拿來嚼巴 [16]，也會膩歪 [17] 啊。沒有誰有義務成全你的

夢想。如果你給生活一個差不多的臉色，那生活就給你一個差不多的顏色。

　　一物換一物，這還算是公平，往往是取其上者得其中，取其中者得其下，最後出了力還不討好，怪別人不懂欣賞的，屬於邏輯有問題，該去看醫生。那些我們心目中的英雄，無論你們最後是成功還是失敗，贏得尊重的，都是你們每次在舞臺中央的態度；那些贏得我們尊重的人，都是因為他們在每一件小事上平凡的努力。

　　就讓每一次的努力，都有一個與之般配的句號。想要做的事情從頭跟到尾，別隨隨便便就爛尾了，一點都不完美。

　　雖然人生得意須盡歡，但是也禁不住您這麼吊兒郎當地折騰啊。

所有的不振作都是因為不夠痛

❖

01

前幾天有姑娘問我說：「有拖延症，但是又想去學習、運動和感受，卻總是堅持不下來，應該怎麼辦？」我說：「所有人都知道運動和學習對自己好，但是就是堅持不下來，主要的原因就是因為促使你改變的事情不夠多，也不夠痛。」

說說我自己的體會吧。前段時間家裡出了點事情，我暴瘦了差不多 6 公斤。其實我自己沒感覺自己有什麼變化，就是覺得以前穿上剛好合適的牛仔褲現在要繫皮帶了，而且還需要往後挪好幾個扣眼。要說體重，上下浮動 1~2 公斤也算正常，照鏡子看自己的臉色，好像是暗黃了些，但是也在能接受的範圍內。

春節回到家，所有的人見我第一句話都是：「哎呀，你怎麼瘦成這樣了！」我不以為意。長輩嘛，總是不喜歡你苗條得跟社會主義初級階段似的，況且作為一個資深瘦子，這話我已經聽了好幾十年，吃得鹹了大不了看淡點，沒什麼。然後就是節後回到北京，同學聚會，好久不見的老同學像是受到多大驚嚇似地說：「哎呀，你怎麼瘦成這個樣子了！」

我還沒有自我認可到完全不在意周圍人說法的地步，況且一個人說你不好沒關係，當身邊的人都說你狀態不佳，你就要嚴肅考慮

一下這個問題了。確實，那段時間吃不好飯，把飯放在眼面前也不高興，淡了想加鹽，加了鹽又覺得不想吃了。而且思慮過度導致的消瘦，絕對是膠原蛋白的頭號殺手。看著鏡中蒼白得跟舊銀元似的臉，宛如東亞病夫，我真的打心眼裡嫌棄自己了。

受了刺激的我，立志增肥。健身教練友善地提醒我這叫增肌，不叫增肥，但是我還是很任性地稱之為增肥。怎麼增？健身啊。因為我是易瘦體質，所以吃東西只能讓我不會瘦，不會讓我長胖。

我一年前就辦過健身卡，因為我發願，既然瘦的基本事實不能改變，那就做一個穿衣顯瘦脫衣有肉的瘦子也挺好。不過，那時候過得小富即安、風和日麗，比如說游泳池水太涼、跑步機人太多、今天晚飯吃太晚跑步會胃疼……都會成為我不去鍛鍊的理由。總之，拖延了幾次之後，健身這回事自然就被拋棄了。

但是，今年我切切實實感到自己狀態差極了，所以堅持下來的決心就會增加很多倍。A4 腰怎麼樣，我不僅有 A4 腰，我還有 B5 腰呢。然而瘦子的腰和胖子的胸一樣，並沒有什麼用。一切的美感都要建立在稱心的比例基礎上。所以，紙片人和水桶腰一樣都要各自努力啊。我作為沒有執業資格的老中醫，給自己開的藥方就是健身，堅持和堅持健身。

當一件事情堅持不下去的時候，放棄的理由很簡單，就是我們對於放棄後那舒適的愉悅，超過我們對於目標達成的渴望。這個超過其實也不用太多，一點點就夠了。

改變從來不是一瞬間就發生的，改變都是切膚之痛或者徹底的領悟帶來的。

我嫌棄自己一瘦毀所有的狀態，所以我的堅持都有足夠的理由和強大的推動力。現在連續打卡一個月了，而且每當我練器械練到氣喘如牛之時，看見健身房裡有些人端著視頻懶洋洋地踩幾下單車，就會有一種莫名的優越感。

那種感覺就是，雖然我現在一事無成，但是我相信心誠則靈啊！尤其是舉鐵舉到想問天問大地的時候，看看健身房鏡子裡自己那能硌死未來夫君的高顴骨，血槽立刻滿格了，比喝蛋白粉都管用。

文青鼻祖張愛玲小姐說：「下世投胎，如果不能太美，就給我張圓臉吧。」我說：「如果青春有張不老的臉，我希望是圓臉的樣子！」

想到我每健身一次，就離自己的目標近了一些，離自己想成為的人近了一些，即便是再諸事不順，也會覺得心安並且開心。我們都是不完美的，很巧的是，生活中會安排大大小小的事情讓我們感知到自己的不完美。

但是人與人的區別就在於，有些人受了刺激負隅頑抗，有些人則積極迎戰。

李開復在他的書《向死而生——我修的死亡學分》裡面寫，在

生病以前，他是從來不鍛煉身體的，一是太忙，覺得鍛煉身體浪費時間，二是認為鍛煉什麼的根本就是徒勞無功。

他提到自己原來喜歡嘲笑推崇運動的朋友，躺槍之一就是潘石屹。潘石屹在微博上說：「據美國科學家發現，跑步的人比不跑步的人多活七年。」李開復還揶揄他說：「多出這七年應該都在跑步吧。」

不過李開復被診斷出患有第四期淋巴癌之後，他開始意識到運動無比重要。

生病之後，他的生活方式是，能走路就不坐車，每週爬山三次，在家裡還要和女兒們一起玩體感遊戲。手術之後，在康復階段的李開復，對於運動的功效大加讚賞：「養成運動的習慣之後我才發現，運動的好處真是冷暖自知，不管怎麼說都沒法和別人分享，只有自己最清楚。合適的運動可以促進心腦血管的彈性，刺激多巴胺，讓人心情愉快……我發現快走 45 分鐘，是一件很有成就感的事情，就像是電影《洛奇》裡面的那種感覺：我就是冠軍！」

人都是有惰性的，有些改變，不觸到痛點，永遠也不會發生。

電視相親節目《非誠勿擾》裡有一集，當時情感專家樂嘉還是嘉賓主持人，有個男嘉賓上來說，他每次都要喝某種品牌的礦泉水。他可能是想要顯示自己的品味，或者是他本人確實如此，結果被樂嘉潑了一盆冷水說，「小夥子，如果你喝水的時候還挑挑揀揀，不

能證明你的高貴雅致，只能證明你不夠渴。」

同樣，如果你有藉口不去做一件事情，只能證明這件事情本身對你來說還不夠緊急，你沒那麼想要。所有的邊哭邊自拍，說明你還不夠難過；所有減不下來的肥肉，說明你的動力不夠；所有的不振作，都是對於成就感不夠渴望。

所有的不振作，都是因為受的刺激還不夠多。

刺激我們的那件事情，本身就是一個因，它導向一個果。所以說，對於本身自控能力不夠強，目標感不夠明確的大多數人來說，刺激就是生產力，改變才是硬道理。

我知道大多數人都會安於現狀，如果有一天你遇到了刺激到自己的一件事，那祝賀你，這是促使你改變的一個訊號。這件事情可能並不是一件令人愉悅的事，它可能是疾病、衰老、挫敗、背叛等，但是請記住，這都是對於我們迷茫生活的考驗，是我們改變的契機。

所有的困難和挫折本身就帶有這樣的使命感，如果你捕捉到困頓生活中的善意訊息，請振作，並見賢思齊，做出改變。

正是因為挫折讓我們與眾不同，並且要相信——
狹路相逢勇者勝。

你必須特別努力，才能顯得毫不費力

01

羅大佑的父親是醫生，很早就傳授他醫術。他 18 歲的時候依照父親的志願，考入臺灣中華醫學院醫學系，念了四年醫學本科，畢業之後還做過兩年的醫生，在放射科工作。

後來羅大佑成為職業音樂人，寫出了《酒矸倘賣無》、《童年》等膾炙人口的歌，有人問他說，你浪費了太多的時間在和音樂在不相關的事情上，好可惜！

羅大佑說：「醫學院七年的訓練加上在醫院工作的兩年，所受到的重視人權和倫理的訓練，對我後來寫歌和做音樂有莫大的影響。」

每個人都在跌跌撞撞中摸索，也有很多人朝著錯誤的方向前進。
誰敢肯定自己一定會邁向成功？
誰又能說，自己經歷的都不值得？

02

可可・香奈兒（Gabrielle Chanel）出生在法國小鎮索米爾

（Saumur）一家專門收容窮人的醫院裡。她的父母是未婚生子，母親是農家女，父親是胸懷天下，卻不得不每日沿街叫賣的小販。再往上數，香奈兒的祖父輩、外祖父輩，都是道道地地的農民。

香奈兒的母親在她六歲的時候因為哮喘去世，她父親像卸貨一樣把她丟棄在姨媽家，就毅然決然地前往美國那片樂土，從此音訊全無。

寄人籬下的日子並不好過，她假裝不喜歡姨媽和表姐衣櫃裡繁複漂亮的衣服，假裝不喜歡溏心雞蛋，假裝自己不是孤兒，假裝自己在修道院也可以活得人模人樣……假裝的結果就是她時常感到孤獨。於是她常常去姨媽家的閣樓看小說，想找人說話的時候就跑到鎮上墓園自言自語。

童年的不如意總是催人早熟，她十歲的時候就已經知道，只有永遠堅強，永遠精力充沛，才能夠抵抗外來的一切，獲得真正的自由。親戚為了省錢，把她送到了修女院學校，在這裡，香奈兒學會了縫紉和剪裁。一開始這門手藝只是她自我療癒的方式之一，因為她感到不安全的時候，喜歡懷抱一隻小玩偶，而那個小玩偶，是她給自己縫製的。

長大後，香奈兒來到一個叫穆蘭的地方，修道院給她找了一個工作，在聖瑪利亞服裝店當導購，有時候也負責一些縫紉的工作。後來香奈兒認識了一位叫作鮑伊·卡柏的紳士，在他的支持下，香奈兒在康朋街 31 號開了一間自己的店，她的傳奇從此開始。

香奈兒做的帽子不再像是頂著果盤，她的帽子很簡潔，帽檐沒有那麼誇張，上面只放一朵花，有時候一朵花也懶得放。她親手設計裙子，使婦女從流汗不止的禮服、花邊、胸衣、內衣和墊料下解放出來，讓她們不需要侍女就可以自己穿好衣服，而且保持一天的清爽。

接著，香奈兒否定了貂皮等奢華的面料，取而代之是廉價的兔毛；她不使用花紅柳綠的顏色，她以黑色、白色和灰色來表達她對於真正高貴的理解；她把拖著地揚起灰塵的裙子改短，短到膝蓋以下一點點，使女人的腳踝重見天日；她改良了男士的西裝和褲子，為女士所用，這也成了運動服的前身。

香奈兒曾經表示，幼年時對於縫紉的興趣不知因何而起，只不過是排遣憂鬱的方式；長大一點之後在修道院做工的經歷看起來枯燥無味，沒想到卻成為她後來事業的啟蒙。

03

美國前總統歐巴馬是出了名的口才好。在他卸任之前的最後一次記者晚宴，在白宮小劇場來了一段封箱演出。他吐槽了自己有色人種身份；調侃了訪英期間受到穿睡衣的喬治王子的接見；挖苦了一下記者。

歐巴馬演講結束，美國媒體還總結出十個最好笑的笑點，網友

紛紛表示，真是一個被政治耽誤的說笑高手。熱烈的反響充分證明歐巴馬總統發言稿背得好，毫無表演痕跡，是德藝雙馨的老戲骨，值得年輕人學習。

歐巴馬的封箱演出總共有 25 分鐘，如果按照有 10 個笑話來看，平均不到 3 分鐘就有一個笑點。而這三分鐘一個笑點，十分符合人的注意曲線。因為根據人類的注意曲線，我們對於講話的注意力，一般只能集中三分鐘，三分鐘之後就會走神，即便是再偉大的演講家，觀眾也只能夠集中十分鐘而已，剩下的時間就是自己感動自己。

有人認為這是歐巴馬的即興演講，那就太天真了。

各位笑官，你可知道歐巴馬任何一次演講稿都是由十幾個人的團隊策劃、選題和撰寫的；你可知道今年首席撰稿人是 Cody Keenan，哈佛大學畢業；你可知道這些看起來漫不經心的段子，是他們的團隊花了三個星期，不分白天黑夜趕出來的……而且他們把最後一次白宮晚宴，定調為有趣。

所以當全世界人民都覺得歐巴馬這個退休老幹部很有趣的時候，他們的目標就達成了。

即便是歐巴馬這樣有深厚演講功力的人，也不能什麼都不準備上去就講。他要準備，要記憶，還要正確地表現出來，該搞笑的時候搞笑，該悲傷的時候悲傷，該沉默的時候沉默，這些演講技巧，都是他領導力的一部分。

04

胡適很喜歡對年輕人說的一句話是「功不唐捐」。唐,是白白、徒勞的意思。胡適認為,做事沒有付出一點努力的話,是會白白地丟了的。接下來大師的話是這麼說的:「在我們看不見想不到的時候,在我們看不見想不到的方向,你瞧!你播的種子早已生根發葉,開花結果了。」

沒有一種努力是白做工的。你在生活中用力做的任何一件事情,都可能是你未來好運的伏筆,讓你感謝命運,給你驚喜。

作家吳淡如念 EMBA 的時候,有位擔任高階管理者的朋友說了一個自己總結出來的,關於成長和取得成就的趕公車理論。就是說,你如果要趕上一趟公車,最起碼應該站在公車站,或者離公車站不遠的地方。車來了你要麼是在站牌下,要麼跑幾步就到了,否則離得那麼遠怎麼可能趕得上公車?而且眼睜睜錯過公車的挫敗感,還比不上等很久公車才來得痛。

有很多人都喜歡抱怨說:「這不想做那也不想做」,「學日語等等吧」,「健身再緩幾天吧」,「遇到男神的時候心裡空歎,我怎麼就沒有 A4 腰!」又當機會上門的時候,比如外派到日本的員工需要懂日語,或者是出國當交換生需要雅思或托福成績,才在後悔說,我應該早點學日語啊,我怎麼就沒有考雅思!

為什麼我這麼有切膚之痛?

因為我當年也是這樣，有一個留學的機會擺在我面前，我很想珍惜，可是我悲催地發現之前只顧著忙別的事情，雅思成績已經過期很久（雅思有效期兩年），才追悔莫及。如果上天再給我一次機會，我多希望能早早就報名了雅思，早早地拿到成績，然後在看到申請條件的時候，就可以哈哈哈了……

這就是切膚之痛，不僅腸子悔青，對於那些「學分績點不如你又怎樣，但是人家有雅思成績呀」的人，各種在心裡各種羨慕忌妒恨，各種悔不當初。

所以說，不要讓自己後悔的事，變成一個刺激。機會是用來抓住的，但凡能夠錯過的，都不叫機會。努力確實不一定會成功，但起碼，多一樣本事，多一件技能，也會讓我們變成一個有趣的人，愉悅自己，不也是很好的嗎？做一件看起來沒有未來的事不荒唐，頭重腳輕根底淺，嘴尖皮厚腹中空，才悲涼。

踏踏實實做事的人，雖然是用最笨的辦法，獲得的往往是最誠摯的掌聲。因為功不唐捐。

你我皆凡人，往往取其上者得其中，取其中者得其下。十分努力，能夠得著平凡，十二分努力，會有一些驚喜，一百分努力，也許才可以過上自己想要的生活。

最重要的是，不管台下有沒有掌聲，都應該感謝那個拼盡全力追求卓越的自己。

趁年輕最該做什麼？野蠻生長啊

01

我有兩位表弟，一個叫小張，一個叫偉偉。兩個人高中畢業之後不好找工作，一直在家閒著。正巧有個親戚有自己的裝修公司，老司機走了，新司機沒招上，知道小張沒工作，就說，不然你來給我開車吧。

小張得到這份工作特別高興，工作穩定，衣食無憂，雖然錢少了點，但是出入的是高級場所，見到的也都是所謂的高級人士，一天一天過得舒舒服服。

雖然是親戚，但是工作上還是上下級關係。老闆的脾氣屬於爆發型，前幾秒還在哈哈哈讓你春風拂面，後幾秒能指著鼻子罵你。我有次撞見他罵小張，夾帶著祖宗八代都問候，簡直聽不下去。

小張唯唯諾諾地退下，我拉住他悄聲問：「他這麼說你，你不生氣？」小張一臉無奈：「我生氣有什麼辦法？一畢業就跟著我叔開車，別的我什麼也不會。」「那你可以去學啊，你還這麼年輕。」我說。他想了想，沒吭聲。

後來又過了一陣子，他跟我說，他下班後到一個做物流的同學那幫忙，還報了電腦班，覺得生活有些變化，往好的方向的那種。

我再見到他，他已經從裝修公司那裡辭職。

起因就是，小張再一次被罵得狗血噴頭。老闆本來以為沒事，反正小張也沒有一技之長，走了之後能做什麼，凍餓其妻子 [18]。沒想到人家學了一技之長，成功為自己贖身。

原本每次見到小張，他都是幽幽怨怨、唯唯諾諾，跟割地賠款的大清國似的，將自己的領地無限收縮，生怕丟了飯碗，就算是別人來踩上幾腳，心裡向對方吐口水，也只能忍氣吞聲，因為要生存，因為指著別人給飯吃。

但是自從他開始去學習，去經歷，去走出自己的舒適圈後，開始據理力爭，反而有一份精彩。前幾天回家見到小張，他在物流公司那裡工作，一身粉塵髒兮兮的，但是好像吃胖了一點，狀態特別好，尤其是那種心安理得的笑，是壓抑的生活狀態中不可能出現的。

拿陳丹青的名言來說：「**就是擁有了一張不被人欺負的臉。**」

02

小張辭職了，司機職位青黃不接，親戚沒辦法，找了我另一個表弟偉偉來給他開車。偉偉對這份工作也十分中意，給老闆開車還算是個不錯的差事。

不過好景不長，才開了半年的車，因為經濟形勢不好，公司倒閉，不需要司機了。偉偉開車開得死心塌地，離職了還在家苦苦等待，在他心中這位親戚手眼通天，工作的事只是時間問題。

我去家裡看他，偉偉的會客廳亂七八糟，吃剩的盒飯、該洗的衣服、塑膠袋、包裹盒、啤酒瓶、煙灰缸，層層疊疊，沒有下腳的地方。「你去找工作了嗎？」我問。「沒有。我叔繼續創業也挺好，再等等也許就需要司機了。」偉偉說。我把這話轉達給親戚說，偉偉還在家等著你給他介紹工作呢。

他唯恐避之不及地連連擺手：「我去哪給他介紹工作，我自己還顧不過來呢！」

03

我們每個人在找到自己的安身立命之處之前，都十分迷茫。於是有人給了我們希望，我們便執著於此，覺得遇到了貴人，覺得貴人能給予我們期許的生活。其實把希望寄託在別人身上和把腦袋別在褲腰帶上本質上沒有區別，都是放棄了主宰自己命運的權利。

從機率上來看，這樣的結果，往往危險，並且悲慘。把自己低到塵埃裡，就會開出花嗎？可能。但也可能被埋了啊。

哲學大師羅素（Bertrand Arthur William Russell, 3rd Earl Russell）

說：「一個人學習的東西愈多，他所能夠得到的快樂就愈多，而且受到命運擺佈的可能性就愈小。」

不少人會執著於一些極有可能等不到的事情，比如口頭許諾的工作，或者是等你畢業了就會怎麼怎麼樣的機會。

04

我念研究所的時候，那天我和學妹同在老師辦公室，我去交論文，學妹要考研究所，所以我聽到了如下一番對話。

老師：「你考上研究生之後，有什麼打算？」學妹特實誠特篤定地回答：「我有位舅爺是某某協會的會長，他說只要我畢業就可以留在北京 985 大學中的某校當老師……」

我當時驚訝於她的坦誠，心裡也暗暗羨慕，我可是沒有舅爺可拼，只有拼命的命啊。她確實考上了研究所，而且也過得比較舒服瀟灑。也可能她把自己有關係這件事情告訴了不少人，大家都對她不上課這件事情表示完全理解。

但是畢業的時候，很出乎我們的意料，學妹既沒留校，也沒有當老師。因為總是寄希望於舅爺的權勢，一丁點技能都沒培養出來，只好和廣大的普通畢業生一樣，走上找工作的荊棘路。

臨了，姑娘還對舅爺充滿怨言，怪這老頭兒許下空頭支票。

05

美國經濟學家納西姆・尼可拉斯・塔雷伯（Nassim Nicholas Taleb），他本來是華爾街的股票交易員，看過太多的商海浮沉，於是寫了一本書叫作《黑天鵝效應—如何及早發現最不可能發生但總是發生的事》(The Black Swan)。

我很佩服這個作者，他用別人一句話就能講完的事情，整整寫了一本書。這本書賣了 300 萬冊，翻譯到世界三十多個國家和地區，他簡直賺翻了。還用自己書中的理論，成功指導自己躲過金融危機和股災，連巴菲特都陰溝裡翻船了，他都能賺得盆滿缽滿……

對於真正有才華的人來說，財務自由真是一件 so easy 的事情。

其實黑天鵝是一個比較有歷史的哲學理論。在發現澳大利亞之前，歐洲人一直以為天鵝只有白色的，直到在澳大利亞發現了黑天鵝，徹底動搖了歐洲人對於「所有天鵝都是白色的」的信仰。

黑天鵝事件是一個隱喻，它代表著隨機、運氣和不確定性。正如澳大利亞那隻黑天鵝一樣，一隻黑天鵝的出現，足以顛覆我們的人生。

而寄託希望於別人的人，可悲之處就在於，他們過於相信長久以來的經驗，以至於對於黑天鵝事件，毫無招架之力。可笑之處在於，他們不知道人生是一場馬拉松，不到終點，誰也不知道輸贏。結果只能是被隨機和生活愚弄，束手無策。

06

　　「寄希望於別人，放棄提升自己，是一種雙向耽誤。」赤手空拳，怎麼和別人打架？手無寸鐵，如何讓人害怕？覺得明天會比今天好本身就是最大的幻覺。

　　聰明的辦法是，如果生活給我們一擊，果斷將他一軍啊！不是比委曲求全、隱忍不發更好嗎？**真正的成熟是，不僅要有接納機遇的能力，也要有讓敵人膽寒的武器。**

　　生活本來就是不公平的，尤其是對於手無寸鐵的人更加不公平。如果真的是手無寸鐵，你會發現自己除了抱怨和妥協，什麼也做不了。最可悲的人生，就是自身荒蕪，別人還要來踩上幾腳，最終變成別人人生的注腳，可有可無，自怨自艾。

　　行走江湖，會的愈多愈好，因為你一旦學會了，就再也拿不掉。餓了的時候，會做飯能餵飽自己的肚子不是一件很酷的事情嗎？煩了的時候，自己提筆畫幾幅畫娛人娛己不是一件很美的事情嗎？不喜歡一份工作毅然決然放手，然後也找到更合意的事情做不是也很

有成就感嗎？

所以說，趁年輕，最重要的事情當然是野蠻生長啊！野蠻生長是一種比喻，就像是太陽花永遠向陽生長一樣，成長、上進。為什麼老把希望寄託在大叔大嬸和所謂的成功人士施捨資源呢？

他們雪中送炭必須感激不盡，錦上添花自然有情後補[19]，兩者都沒有，也沒關係，我有技在身，進可攻退可守。所以任何時候都不要放棄學習，不要放棄向上的力量。因為如果你不夠強大，不會有人來幫你的。如果你有點厲害，那恭喜，你將擁有喊停、選擇、炒掉老闆以及說走就走的權利。

哲學家杜維明說：「最好的生活狀態就是心安理得。心安，無憂無懼；理得，自在通透。」祝你既疾惡如仇，也不隨波逐流。祝你不負春光，野蠻生長，我知道改變很難，即便是很難，也請記得，永遠不要放棄。

成都文殊院裡看到的那句話：「吃完了苦就會苦盡甘來，享完了福就會福盡悲來。」所以磨難是成長的沃土，如果可以提著過去的艱辛向明天換一些美滿和幸福，也是很好的。

只有在一種情況下，人無需改變，那就是真正喜歡自己的時候。只有自己瞭解生活真正的意義。

聰明人都在為未知的挑戰儲蓄力量，蠢人才躺在已有的財富和

名譽裡睡大覺。我們無法選擇自己的出身，也無法逃避命運給我們的考驗，因此，最重要的是，要提高抵禦風險的能力。

只有這樣，當上天砸下來一個機遇，你能接好了；甩給你一個巴掌，你也能化解掉。

閩南語裡有句話：「人生三分天註定，七分靠打拼。」

不以一時成敗論英雄，對別人的評價如此，對自己，更是這樣。其實所有的不如意都是因為自己的懶惰，狂妄心和驕傲。覺得自己很了不起，覺得自己家人很了不起，覺得追自己的人很多，覺得他們愛自己都愛瘋了，其實自己都知道這種驕傲有多心虛。先丟掉這些吧，才能好好成長。

每個人都是一塊玉石，變成是玉，還是成為石，這一切都要看自己的造化。

最正確的路往往是那條最難走的路

01

我有一個朋友，最近對於職業選擇很苦惱。她的老媽讓她到體制內工作，也幫她聯繫好了。家長的要求很簡單，女生嘛，不要太累，有錢有閒的工作是最好的。

可是她違背老媽的意願找了一個事情做，既不是在體制，也不是在企業，她和朋友合開了一家攝影工作室，專門給人拍寫真。

生意剛剛起步，很辛苦，但是她挺開心的。可是老媽聽說後不淡定了，讓她趕快把工作室關掉，義正詞嚴地告訴她：「不要在錯誤的道路上愈走愈遠……」

其實很多人都會煩惱這個問題，面臨職業選擇，是聽從過來人的意見，還是去追求自己的內心？

02

克里斯汀・迪奧（Christian Dior）出生於諾曼第的格蘭維爾，是製造商莫里斯・迪奧和瑪德琳・馬丁的第二個兒子。

迪奧的父親是一位事業有成的生意人，主要經營和生產化肥。迪奧 6 歲的時候，為了生意的便利，一家人搬到巴黎去住。在巴黎，迪奧和他的兄弟姐妹一樣，喜歡到祖父母家裡玩耍。

　　可與其他孩子截然不同的是，迪奧並不喜歡男孩子的格鬥遊戲，而癡迷於設計出各種各樣的服裝，讓妹妹們在客廳裡展示。他也喜歡給書裡面的人物設計衣服，靈感一來，就會在筆記本上描描畫畫。迪奧的哥哥嘲笑他，說他淨喜歡些小女孩的玩意兒。

　　第一次世界大戰之後，迪奧到了該上大學的年齡。

　　他的父母希望他要不經商要不從政，其他事情不要考慮。當迪奧表達出他想要學習畫畫的願望之後，父親大為震怒。因為在他看來，畫家和音樂家都是一群食不果腹的流浪者，而藝術學校自然是培養失敗者的搖籃，迪奧應該像自己一樣，成為一名成功的商人，或者像是他在巴黎國會的舅舅一樣，成為能夠呼風喚雨的政治家。

　　迪奧是個有孝心的孩子，最終選擇就讀巴黎政治大學，一家人皆大歡喜。然而這只是迪奧的掩護，他根本就沒有在學業上用心過，倒是在畫畫、聽音樂會和咖啡館浪費了不少時間，他上課次數之少，以至於主課老師根本就不認識他。

　　最後他在巴黎政治大學每門功課都亮起紅燈，被迫退學。家裡人覺得顏面掃地，同時也宣告迪奧的仕途還沒有開始就結束了。

到了三十年代，他的母親因病去世，受經濟危機的衝擊，父親的生意一落千丈。他們變賣了房產，拋售了股票，追債的人天天上門。

為了生存，迪奧想到可以上街販賣自己的畫作。他一家一家敲開富人的家門，希望有人會買他的畫，可是那些富人外表光鮮，實際上早已經是空殼一副。因為沒有錢買吃的，迪奧愈發地形銷骨立。經濟形勢依然沒有好轉，而他必須要肩負起養家的重任，於是迪奧決定出去打工。

他本來打算找一份銀行職員或者小公司職員的工作，可是都被拒絕了。有一天，山窮水盡的迪奧敲開著名設計師呂西安 · 勒龍工作室的門。

「我們確實有一個職位空缺，要找一位裁縫工。」
「我想我實際上更適合做女裝設計師的工作。」

還沒等迪奧說完，那扇雕花玻璃門已經重重關上，留下年近三十歲的迪奧目瞪口呆。迪奧顧不得沮喪，他對於自己脫口而出的女裝設計師這個詞感到十分驚奇，又十分興奮。他突然知道自己棲棲遑遑[20] 這麼多年要做的事情是什麼了。

他帶著些激動和興奮，魂不守舍地走在巴黎的小街上，連差點被車撞上都不自知。

「好吧，就是它了。」

那天醍醐灌頂之後，他便賴在女裝的行業不走了，他集合了一群才華橫溢的朋友，有裁縫，有設計師，有模特兒，有職業經紀人。這是一支優秀的團隊，他們開始在巴黎聲名鵲起。

1946 年，迪奧獲得投資，並正式將自己的店開在蒙田大道 30 號的一棟小樓，並將其命名為克里斯汀 · 迪奧時裝店。

傳奇就此開始。

你是否看過這樣一幅圖片，1947 年的法國，在薄霧重重的塞納河畔，一位標緻的西洋女子身著迪奧沙漏型套裝傘裙，手戴黑色手套，腳踩高跟鞋站在極富歷史感的石板路上，石板一直向後延伸，不知去往何處——當時的人看起來似乎只是一張漂亮的海報，可是對於時裝史來講，這仿佛就是在開啟一個新時代。

當迪奧使巴黎如癡如狂之時，正是香奈兒隱退之際。

迪奧雖然 40 歲才踏入女裝成衣界，但是他對於女裝的理解無人能及。他發現因為戰爭導致物資緊缺，也正因為物資緊缺，女性時尚距離男性愈來愈近，卻失去了女性應有的柔美。於是迪奧設計出經典的「新風貌」系列，凸顯出女性圓潤的肩線，纖細的手臂；他再次把腰線收窄，然後把裙擺加大，讓女人味重新回到女人身上來。

迪奧的設計是對於古典女性美的回歸，也是建立在對於香奈兒所引領的簡潔、舒適風的反思之上。迪奧設計出鬱金香形花苞裙，

將腰部收細並且將胸部增大；他設計出 A 字蓬鬆傘裙，讓女人單單站立在那裡就像是一幅畫；他還發明出 H 形剪裁，徹底解放腰部；V 領晚禮服搭配奢華皮草的時尚，也是他的天才設計。

和香奈兒反對使用奢華皮草不同，迪奧反對香奈兒那種中產階級的沉悶，他要大張旗鼓地裝飾女人。故而迪奧會用綢緞、皮草、精仿羊毛等昂貴材料，他要用衣服顯示出女性奢華的魅力。

迪奧在 1957 年因為心臟病突發而逝世。

在他充分燃燒的十年之間，時尚界宣稱已經將香奈兒拋棄，而由迪奧一統江湖。不過迪奧英年早逝，香奈兒很快又拿回江山。迪奧曾不止一次的談到香奈兒這位前輩，他認為香奈兒所引領的時尚雖然方便又實用，可是醜陋。

他曾經說：「香奈兒小姐說，時尚設計創造出來的是現在很美麗，但是以後會變得很醜陋的東西。可是我想斗膽地改一下她的話，就是時尚還有一種叫作死灰復燃的東西。隨著時間的流逝，醜的也可以再次變成美的。」

很多人認為奢侈品代表著揮霍和膚淺，可能在一定意義上是這個樣子。但是如果你明白一個品牌的歷史，就會明白迪奧的昂貴事出有因。

我們現在到處都看得到的 A 字大擺裙、深 V 高腰裙，在一個甲

子之前，是驚天動地的大發明。光是這種歷史傳承感，就足以讓人感動不已。迪奧在 42 歲大器晚成，一直到他 52 歲猝然離世，不過絢爛了短短十年時間，可是他留下來的仙杜瑞拉仙女棒，卻是永存。

03

早在迪奧 5 歲的時候，就在家裡舉行了一次義賣。迪奧裝扮成吉普賽小孩，脖子上掛個繫著絲帶的籃子賣護身符。那天晚上，當人群漸漸散去，他發現自己正站在一個算命者的旁邊，她說：「我幫你看看手相。」小迪奧乖乖把手伸過去，那個女人說：「你會很貧窮，但是女人是你的吉祥物，仰賴她們你會獲得成功。你將來會從她們身上賺到很多錢，你還會去很遠的地方旅行。」

《紅樓夢》裡的賈寶玉小時候，賈政滿懷期待地帶他去抓周。抓周就是小孩子過第一個生日的時候，父母在他們面前放上各種各樣的東西，看他們抓什麼，用來預測性格和未來的發展。結果賈寶玉的表現讓他大失所望，因為面前放了文房四寶等等高雅之物，賈寶玉上去抓的竟然是脂粉。賈政很生氣，說兒子長大以後沒出息，不去做官也不考科舉，淨搞些歪門邪道。

其實抓周這件事情說明了人的潛意識，這種人嚮往自由，嚮往簡單，嚮往靠著自己的努力，去獲得美好生活。所以說，既然抓周抓了這個，就堅持自己的路走下去吧。爸媽不能陪我們走一輩子。

只有你的堅持和理想，可以陪你走很遠很遠。只有內心強大的自己，會陪你走一輩子。

　　很多人覺得自己的夢想過於誇張，不敢去追求，可是迪奧說：「即便是我已經到了 40 歲，不實現夢想，我也絕不退縮。」但凡是只要誰能有過從千軍萬馬中幾進幾出的勇氣，也就離成事不遠了。

　　生生不息是人的一種能力。

　　你可以覺得自己很慘，可每個外表健康的人，也許心裡都有無數的傷痛，只是沒表現出來而已。小時候的生活沒辦法選擇，但過了 18 歲，每一段命運都是自己可以創造的，今天的決定和努力決定了你明天的生活和狀態。沒學歷就去學就去考，現在上大學也沒有那麼貴。不喜歡現在的工作，就換一個，去努力。

　　大多數情況下，正確的路都是難走的路。

　　如果你真的覺得自己已經走到十字路口，要改變現在，改變生活了，那就自律，這樣才能夠改變。沒有人改變自己的路是一帆風順的，有時候反而是一身傷痕，會千瘡百孔，可是這一切之後，是一個鏡子裡更完美的自己。

　　絕對值得。

不要把世界讓給你所鄙視的人

最近有一部電影，中國本土的，和好萊塢大片《美國隊長3》同時上映，在美國隊長票房逼近八億的時候，它的票房還不足300萬。這部影片就是《百鳥朝鳳》，被美國大片實力碾壓，和電影裡的情節遙相呼應，電影裡面，嗩吶也同樣贏不過優美又新奇的西洋樂器。

這部電影是導演吳天明的遺作。他是中國第五代導演的貴人，默默無聞、不為大眾所知的中國電影教父。現在已經是著名導演的張藝謀接受採訪時說：「沒有吳天明導演，就沒有我的第一部電影《紅高粱》，我也是因為《紅高粱》的成功，改寫了我的命運。」

確實，當時吳天明從西安電影製片廠那裡借出來了三萬塊錢，讓張藝謀到山東高密種高粱，於是有了電影《紅高粱》裡面那一片紅通通、毛茸茸的高粱地。這部影片獲得了1988年柏林電影節金熊獎，是中國第一部獲得該獎的影片，張藝謀從此躋身知名導演行列。

《紅高粱》還捧紅了兩位年輕演員，就是後來的影后鞏俐和影帝姜文，他們也是在這部電影裡面被觀眾所熟知的。所以吳天明慧眼識英雄，蝴蝶效應就是這麼厲害。

因為不排片或者排片量特別低，製片人方勵以下跪和磕頭的方式，懇請各院線為《百鳥朝鳳》增加排片量。有的人說，這一跪太難看了，都什麼年代了。其實，方勵作為《二次曝光》和《後會無期》等電影的製片人，並不是沒見過世面。男兒膝下有黃金，這一跪，跪出了奇跡……《百鳥朝鳳》一周票房狂攬 2000 萬，他們自己都有點被嚇到了。

我也是製片人下跪之後去貢獻的票房之一。本來看到這個名字的時候我是嫌棄的，但是看了十分鐘，我完全被吸引了。

其實電影的故事挺簡單的，在中國西北部陝西省的無雙村，老輩們都希望送自己的孩子去學嗩吶，因為會吹嗩吶的最有前途，不僅受人尊敬，而且掌握著對人死後的評價權。

吹嗩吶的曲子也是有講究的，普通人去世也就是能給吹個四臺八臺的，唯有最有德行的人，才配享「百鳥朝鳳」，就像是古代王侯死了之後有個諡號一樣，經緯天地曰文，威強睿德曰武，死後能得文武這兩個字，那美名永垂不朽；要是得個殤啊，哀啊什麼的，那就屬於罪有應得，遺臭萬年。

村裡有個小孩子，叫遊天明，從小跟著當地最德高望重的嗩吶匠焦師父學嗩吶，他一路過五關斬六將，在 20 多歲的年紀，終於做到了嗩吶班的掌門。他創立了自己的遊家班之後，回去看已經不再吹嗩吶的師父，師父很高興，親自把《百鳥朝鳳》吹了一遍，然後把嗩吶匠傳承了幾百年的工具都交給了他，覺得這門手藝後繼有人了。

無奈時代變化太快，嗩吶的江湖地位火速被西洋樂隊取代，這門手藝沒人聽，當年一起打天下的兄弟，紛紛離開農村，到城市搬磚搞建築去了。遊家班只有遊天明還在堅守，其餘人走的走，散的散，焦師傅也在這個時候被診斷出肺癌，不久於世。

　　西元前 500 年的春秋時期，有一位退休老幹部名叫孔子，他做官最厲害的時候當過魯國的司寇，除此之外，一生都處於顛沛流離之中。他看天下為暴政所苦，感慨周代禮樂教化繁盛，他覺得，應該恢復周禮拯救這亂世。周禮代表著什麼？代表著一種自古有之的淳樸秩序，而這秩序是天下太平的基礎。

　　孔子所在的時代，正是新舊交替的時代。他希望挽狂瀾於既倒，以五十多歲的高齡，帶著弟子，遊歷衛、曹、宋、鄭、陳、蔡、葉、楚等多個國家。在那個沒有信用卡、沒有她（妻子），家裡沒有 24 小時熱水的時代，他的足跡踏遍了半個中國[21]。

　　他走在路上被農人奚落過，說他「**四體不勤，五穀不分**」，意思就是說：「**你都過不好眼前的苟且，追求啥詩和遠方**」？ 他還因為長得跟一個叫陽虎的通緝犯很像，差點就掛了。

　　他和學生們被困在陳、蔡之間，七天滴水未進。學生絕望，抱怨說：「**君子亦有窮乎？**」我們做的是正確的事，為何落到這般田地，這個世界終究是壞人的嗎？孔子的大弟子顏回說：「**夫子之道至大，故天下莫能容。雖然，夫子推而行之，不容何病，不容然後見君子！夫道之不修也，是吾醜也。夫道既已大修而不用，是有國**

者之醜也。不容何病，不容然後見君子！」

意思是，不是我們錯了，錯的是這個世界。但是我們失敗之處在於，捧著一塊寶玉，卻不能讓世人相信它不是玻璃珠子。

以不仁而得天下者，有，但是長不了。

退休老幹部孔子，一生也沒有實現自己的理想。因為理想很豐滿，現實尤其骨感。所有人都勸他不要以卵擊石，他偏不。腰纏萬貫的土豪，寬袍大袖的老闆、長著兩片塵肺咳嗽不已的莊稼人，看著暮色沉沉中的車隊緩緩走過，指著他們說：「喲，我從沒見過如此失敗之人……」

有些人死了，可是江湖上還流傳著他的傳說。孔子去世了，孟子、荀子、韓愈等，都在傳承他的學說。只是孔子之學到了近代，和嗩吶遇見西洋樂器一樣，差一點就被扔進垃圾桶。幸好有人說：「不行，丟掉了我們自己的東西，何以中國？」

抗戰時期有位國學大師，名叫錢穆，他在日軍的炮火下險些喪命，但還是在極其困難和危險的情況下逃到香港，創立新亞書院，後來被併入香港中文大學。

歷史的車輪滾滾前進，你我皆在歷史當中。嗩吶和西洋樂器的對壘，不過是變革一角。大清國和堅船利炮，新文化運動和舊中國，甚至是實體商店和阿里巴巴……

變革無處不在。

可是對於大多數被動迎戰的那方來說，沒有還手的能力。怎麼辦？對手來勢洶洶，怕了慫了，可能這東西就真的是亡了；咬緊牙關挺住了，可能會迎來一片柳暗花明。

所以你我現在能看到、觸摸到、耳聞到任何陳跡，都有一份沉甸甸的歷史感在裡面，你不會知道有多少人拼著老命，護著那個現在看起來平凡無奇的東西。甚至他們在像是護犢子一樣護著那個東西的時候，他們根本不知道自己在做一件多麼偉大的事情。

你不會記得春秋時期的首富，但你會記得有個惶惶如喪家之犬的老幹部，他說：「河不出圖，洛不出書，吾已矣夫！」你不會記得那年杭州城的第一美人兒，但你會記得有個叫岳飛的純正不曲的男兒，以一己之勇力，守護了這半片殘破江山。

你不會記得明代的狀元榜眼或者探花，但你會記得明朝末代皇帝，人們稱他崇禎皇帝，他不是亡國之君，但是不幸恰逢亡國之運，在山窮水盡之時，把自己吊死煤山，以長髮遮面，衣襟上留下遺書：「自去冠冕，以髮覆面。任賊分裂，無傷百姓一人……」

你不會記得陝西無雙村的屠宰大王或者拆二代，你會記得有一個得了肺癌的老頭兒和他唯一的徒弟，為了守護一種並不美妙的聲音，拼盡全力。

如果有一天我們的後代，想聽聽一種叫作嗩吶的樂器有多刺耳，或者是多美妙，他們會感謝我們。哦，不是我們，我們活得太蠅營狗苟，成天為做有用的事情而奔勞。他們會感謝無雙村的那一老一少，因為他們苦逼的堅持，才有這個偌大的奇跡。

　　他們才是真正的精英，而我們不是。
　　他們才是真正創造歷史的人。

　　嗩吶這個東西，真的是沒那麼好聽，就像以焦師傅為代表的手藝人，他們並不高尚，但絕對也不卑微。但是他們的偉大就在於，永遠拒絕把這個世界讓給自己所鄙視的人。

　　孔子、孟子、岳飛、錢穆等，名垂青史的，或者淹沒在歷史的石頭縫兒當中的，他們就是這樣的人。他們和這個世界的搏鬥，至死不休。讓我們向苦難中逆流奮起的偉大人格致敬，向從心底鄙視平庸，而選擇背負沉重，走上未知之路的人致敬。

　　從這個意義上來說，這部電影，值得你看上一遍。

珍惜在一起的日子

01

第一次上課時流眼淚了。

參加一場臺中某醫院院長的講座，聽到我流淚了。臺中有一家安寧醫院，很多人就是在這裡的病房裡，送病人最後一程。

病房裡有個男人，平時就喜歡酗酒打老婆，老婆不堪忍受，留下四個女兒，自己去了臺南。生活不如意，感情破碎，更雪上加霜的是，男人得了癌症，不管以前他做了什麼惡，他已經來日無多。

這時候，醫院正好有個服務，可以幫人在病房拍婚紗照，回憶自己的愛情和一生，男人就央求女兒們說：「可不可以幫爸爸問問，媽媽能不能回來一起拍？」這是他死前最後一個心願了，就一個了。

女兒輪流給媽媽寫信打電話，媽媽堅決不同意，她現在已經有自己的男友了，過得很幸福；於是院長去求情，一日夫妻百日恩啊，哪怕來裝裝樣子，可憐可憐他好不好？

女人想了想，同意了。院長和女兒特別高興，他把一切都安排好了，攝影師、婚紗、西服，男人垂死病中，但是居然顯得有些容光煥發。

沒想到拍照這天，突然遇上大颱風，工廠停工，學校停課，交

通停擺。天公不作美，所有的拍照計畫往後延一個星期。女人說：「院長，不是我不給你面子，這一切都是天意吧。」

男人又苦苦哀求院長，他每天都去，希望院長能說服前妻，真的再來一次，拍一張照片，可以不可以？

於是，又過了一個星期，女人終於從臺南來了，化了漂亮的妝，跟女兒和孫子們一起拍了全家福，多家媒體爭相報導，這成為世人眼中特別感人的故事。四個星期後，得絕症的男人永遠離開了人世。

院長說：「在安寧病房裡面，有許許多多這樣生離死別的故事，但是這個故事告訴我們兩個關鍵字：寬恕和成全。」女人終於寬恕了自己的曾經，寬恕了那個帶給她無比傷害的人；而新男友也成全了他們最後的團聚。

很多事情都是這樣的吧！若不是因為颱風的攔阻，便沒有後來的相見；若不是一遍遍的爭取，也沒有這張難得的照片。

02

我最喜歡的臺灣男演員金士傑，在他 45 歲的時候和 52 歲的葉雯相戀，共同走過十年的浪漫時光。

葉雯是玉女明星，但後來卻飽受子宮頸癌的襲擾。她和金士傑

在一起的時候，正是人生中最艱難的時刻，金士傑就陪在她身邊，看著她淋巴腫得那麼高，腳踝腫得那麼大，心疼，卻無能為力。金士傑知道她的痛苦，每一天過得都倍加珍惜。十年後的某一天葉雯不堪忍受，跳海自殺。

葉雯走的時候，金士傑措手不及，因為有一次他和葉雯看電視，葉雯看到新聞裡有人自殺，還很不以為然的說，自殺是最笨的辦法，而且死去的樣子會很難看，她才不要這樣。

金士傑沒有想到葉雯會以這樣的方式結束生命，雖然他知道她時日無多。在她最後的告別會上，金士傑一身黑衣，從口袋裡緩緩掏出一張自己撰寫的追悼詞，念道：

「葉雯，你不在我們身邊的第二天早上，我起床，第一個念頭是這個世界不甜了。這麼多年，你給我最大的感受，就是甜、心甜、笑容也甜，連在 KTV 唱首悲傷的歌也甜甜的。

我太喜歡太想念你的笑聲，笑得像小孩子、像個小傻瓜，像天使。一個最善良、最純潔的靈魂，才會有這麼甜的歡笑。我真的感激從頭到尾，你我共同走過的每一步路，每一個記憶。我喜歡和你出國時一起看著火車窗外，一起在飯店的陽臺上，邊喝點小酒，邊看湖賞雪。

我喜歡和你在一起，練習讀劇本臺詞的感覺。我喜歡你聽我講完一大堆嚴肅的分析見解之後，突然賞我腦門一個脆巴掌，然後笑

得人仰馬翻的。

我喜歡你那麼在乎我寫給你的情書，一張張一捆捆的收集在床頭，有時久久拿出來偷偷重讀，又偷偷哭起來。

我喜歡你看到馬路上紅燈剛亮，就像個小賊一樣的一馬衝過街，我嘲笑你出息不大、惡習難改，你呢，笑得蹲在地上還笑不停。太多太多可愛的畫面。

記憶是可怕的。但換個角度，記憶也是最可貴的最美好的。它們會陪你陪著我，以及我們每一個至親好友，到永遠。

有一次你說："這麼多好玩的事情，來不及都記下來，忘了怎麼辦？"我說："如果你會忘掉，別怕，我會替你記得。"你說："那就好。"既然那就好，那麼我就好好提醒你一個事。

有兩個50多歲，剛剛開始戀愛的中年男女。女的說："下輩子投胎作人，我一定來找你。"中年男人的回答記得嗎？他很得意，但又裝得很酷的說："很好！但下次請稍微早一點來找我。"然後，那個女的，笑了很久，很久，很久。」

這世上能有個笑點淚點和我們一致的人已經很不容易，遇到了，就要好好珍重。留給金士傑和葉雯的時間不多，留給我們每個人的時間同樣也不多。

一年 365 天，成年人睡覺八小時，工作八小時，剩下的時間給父母分一點，朋友分一點，看電視要一點，打遊戲要一點，做面膜要一點，馬雲爸爸要一點，發呆要一點，發嗲要一點，發飆要一點，最後剩下兩個人正兒八經相處的時間，不過三四個小時。一年算下來，最飽滿的情況，不過是 45 天。在一起三年，不過 135 天。就算在一起三十年，不過 1350 天。

03

大學的時候看過一部英文電影，叫做《If Only》，中文名翻譯為《如果再愛一次》。

男主伊恩有一位可愛並且才華橫溢的藝術家女友，他們就像是這世界上大多數的年輕人一樣，每天為了生計奔波。他們也沒有很多時間相處，早上見一面，晚上見一面，睜眼後就為誰比誰更磨蹭而拌嘴，閉眼前因為該誰洗碗又沒洗而抓狂，一天一天的，也就是這樣過。

這天，伊恩穿戴整齊的去接演出結束的女友，他們又發生了爭吵，女友一怒之下叫車離開，車開出去沒多遠就發生了慘烈的車禍。他的女友，傻乎乎愛矯情的女友，每天抱怨說他們時間不夠的女友，就這樣沒有了。

男主角得到一次機會，讓時光倒流。

在這一天，他變得出奇的溫柔，他拋下工作，鄭重的買了一束花，他們一起去爬山、聽音樂會，在他出生的老房子裡感激生命。那時他已經決定代替女友去死，並且對她說：「謝謝你教會我如何去愛。無論我剩下的光陰是五分鐘還是五十年，在我人生的規劃裡，都寫滿了愛你的內容。」

在這可以相愛的最後一天，他的心突然變得無比柔軟。

戀愛中的人總是容易臉色一喜一悲，心情時好時壞，忍不住就要捽捽打打。其實根本就不是打算分開。

曾經有一個朋友扯著我的袖子哭訴，那些年她和前男友因為一碗滷味吵得不可開交，現在想起來後悔不已。她痛哭不是因為終將失去，而是因為在一起的時候沒有用力擁抱，分別的時候也沒有機會好好說再見。

所有的人都以為自己的時間很長，荒廢昨天，糟蹋今天，期待明天。但實際上卻都是愛的倒數計時中，時間一分一秒的過去，沒有人知道意外和明天哪一個優先到來。

04

大部分時候，沒有這麼戲劇化的場面：分別就是訣別。

所以珍惜在一起的日子，珍惜難得的緣分有多重要。不是說昨天以及以前每天都見到的人，以後能夠見到的機率愈大，不然，哪來的分別，哪來的死亡？每天去餵雞吃穀子的人，最後也是這個人扭斷了它的脖子。

　　隨著歲月的流逝，上帝會不斷的從我們身邊拿走一些東西，拿掉你的膠原蛋白，給你鬆垮的眼袋；拿掉你的健康，給你厚厚的病歷；拿掉你的眼前人，連招呼也不打。

　　二戰的時候，有天早上姐姐出門前覺得弟弟很煩，就和他大吵一架，然後出門去了。等到中午回來，發現自己的家已經被炸成廢墟，弟弟永遠的離開自己了。姐姐痛哭不已，她無比後悔，她心裡對弟弟無比的珍視，只是從來不會好好表達。沒想到離別時分，自己和弟弟說的最後一句話居然是「你好煩」。

　　我想，這位姐姐大概一輩子都不會原諒自己吧。

　　年輕有很多好處，比如視力很好，身體很好，時間很多，周圍有父母朋友陪伴，缺點就是你會誤以為你擁有的就是永恆，以至於白白浪費了許多可能性，傷害了最不應當傷害的人。

　　許多人犧牲現在以服務未來，卻忘了當下。

　　如果你能夠想像，離開身邊這個人，你的日子就不會甜，那拼命的作踐感情就沒有意義。這輩子的遇見，都是前生註定事，是莫

錯過的姻緣。因此，既然知道要和好，就不要吵架；既然看出會傷感情，就別再裝腔作勢；既然明白時間不夠用，就把每一天都過得熠熠生輝。沒有天生的合適，查爾斯王子和戴安娜王妃也會分手。只有後天的珍惜，才能擁有地久天長。

人生是一輛開往終點的列車，很多人上上下下，只能陪我們走一段。彼此陪伴的時候，要歡歡喜喜，下車的時候，要道聲再見。

時光難留，珍重珍重。

堅持對這個世界釋放善意，
它總會接收到的

01

　　小年夜晚上，我和家人開車到郊外泡溫泉。在離溫泉會所不遠的地方，有不少人在賣泳衣。他們都是附近的村民，平時收入不高，農閒時節，知道賣泳衣能夠賺一些錢，所以他們就在那裡擺攤。太陽下山，天氣很冷，山裡又比市區低了好幾度，他們把雙手揣在袖口裡，來回的走動，吆喝，招攬顧客，想要多掙那麼一點錢。

　　太陽下山，天氣很冷，我逛了幾家賣泳衣的攤位，最終決定在一位大姐那裡買一件，我覺得她賣得太貴，跟她討價還價，要砍掉五分之一的價格，她拒絕這個條件，說自己掙不到錢。

　　我又去別家店舖逛了一下，大姐家那件泳衣的款式我最中意。他們就是這樣，看見開車的就以為是有錢人，所以必須殺殺價。待我再回頭去找她，她也心軟了，說：「好了好了，50 塊錢賣給你好了。」我掏出五十塊錢給她，我對價錢很滿意，開車門上車之前，我笑了笑，對她說：「謝謝，新年快樂！」

　　你真是應該見證那個特別時刻，她接過錢，突然整個臉部都柔和起來了，她凍得通紅發紫的臉頰，綻放出一抹笑容，我以為是因為錢，以為她開心是因為剛剛做成了一筆生意。她說：「我整個冬

天都在這裡賣泳衣，臨近年關這一個月來，我見過無數的人，你是第一個對我說新年快樂的。姑娘，謝謝你。」我也愣住了，心裡像是被什麼擊中一樣。家人催我買完之後趕緊上車，我們有自己的團圓時刻。但是我想我比他們都更早看到新年，在那位大姐飽經風霜，卻溫情脈脈的臉上。

我本來也不是一個善於表達善意的人。只是臨近過年的時候，經常在電梯裡，有臺北人跟我說：「新年快樂！」我剛開始覺得很吃驚，後來覺得很溫暖，等到我終於回到家鄉，我對別人說「新年快樂」，是自然而然的，臺北人把善意傳遞給我，我守護好它，再傳給其他人。

這是善意的能量場，生生不息。

02

朋友跟我講過這樣一件故事。他在臺灣大學當交換學生的時候，結識了一個臺灣男生叫建成。和所有的交換學生一樣，一學期的時光很快過去。離別使者的腳步很近了，他和建成說好，等到建成不太忙的時候，一定到北京走走看看。

建成真的來了，在某年暑假。朋友帶建成坐公車，他們要去郊區玩，坐車要好幾個小時。建成覺得售票員很嚴肅，他就一直跟售票員聊天，講話。售票員除了報站名之外，她一整天都不會說一句

閒話，乘客很討厭，他們總有問不完的幼稚問題；車廂很擁擠，她喘不過氣；窗外熙熙攘攘，世界再熱鬧，建築再雄偉，與她毫無關係。

她習慣了這樣的生活，開門關門，乘客上車下車，每天如此，這就是她的工作，她的生活，她的人生，無趣的，不受尊重的，沒有希望的，人生。

劉建成一直跟售票員說話，「你幾點上班？」、「幾點下班？」、「中午吃了什麼？」、「你不口渴嗎？」最後，居然把萬年冰川臉的售票員，說到噗嗤一聲笑出來了。

朋友在一旁看著，覺得這一幕堪稱奇跡。

03

颱風梅姬襲擊臺北，工廠停工，學校停課，該上班的也全都放假回家。老師前一天晚上發消息給我，說：「你要在住處準備好充足的糧食。」

「明天再出來買東西也不遲吧，商家就是做生意的，怎麼會關門？」

後來我發現當地人確實都在囤貨，但是因為大家都在囤貨，導

致超市裡已經沒有什麼好吃的。所以我繞了一大圈，只買了四顆獼猴桃。

自動販賣機：空。麵包店：空。小賣部：關。超市：關。24小時營業麥當勞：關。熱炒店、奶茶店、海南雞飯店……幾乎所有的店都大門緊閉。

7-11 還開著，我進去買了一些零食，也只能這樣了。

剛要出門，看見 7-11 門口蹲著兩條流浪狗，可能是下雨了沒有地方躲雨，又比較餓，就趴在門口。有個女孩跟我一樣也看見牠們了，轉身回去又買了些東西。後來我才發現，女孩是回去買了一小袋狗糧，把狗糧倒進小紙盒裡面，兩隻狗狗都分別餵食過後才離開的。

其實這兩條流浪狗經常在這一帶活動。為什麼不怕人呢？我也養過狗，狗是不敢輕易吃陌生人的食物的。可能就是因為這附近的人都對它們很好，牠們沒有什麼防備心吧。

04

中文拼音之父周有光，回憶他早年求學的故事。

他到了該考大學的年齡，就去報考大學。成績很好，可是家裡很窮。那個時候可以參加好幾所大學的考試，不衝突，他就報考了南京師範，他考上了；他又報考聖約翰大學，也榜上有名。兩所學校對比一下，雖然南京師範名氣遠不如聖約翰的大學，但是聖約翰的學費確實太貴了，即使周有光家砸鍋賣鐵，都是不可能去念的。

周有光的高中同學回家跟他母親講了，他母親不認識周有光，見都沒見過，就說：「考上聖約翰就相當於過去中狀元啊！可不能不去。我當年嫁過來的時候有個皮箱，裡面全部都是我娘給我的嫁妝，你拿去當舖當掉，應該能湊足他這個學年的學費。」

學年還是學期我記不清了，手邊也沒有放著這本回憶錄，但是我當時看到這個故事的時候，就是特別的感動。

對於素不相識的陌生人，能把自己壓箱底兒的一點錢拿去接濟，不容易。

05

The more you give , the more you have。

我回憶我在歐洲上學的經歷，對於在街上迷路拒絕幫助我的人，在地鐵問路差點偷了我錢包的人，記憶真的沒有那麼深了。但是我到現在都還記得，我在機場茫然無助，提供給我一個沙發的人；記得在地鐵站買票看不懂德文，一對情侶（亦或者夫婦）停下匆忙的腳步幫我的場景。他們的樣子我現在都還記得，男士拄著拐杖，有先天的殘疾，女士蒙著黑紗，是伊斯蘭婦女的典型裝扮。

　　大部分幫助過我們的人，我們在長長的旅途中再也不會相見。

　　有一個同學告訴我，他在印度曾經得到過一位叫做「辛格」的男孩的幫助，辛格說你遇到問題就來找我，沒問題。他返程的時候，路過這個村子想要回去致謝，發現整個村子叫辛格的男子就有100多個……後來他在路上真的又遇到了一個叫「辛格」的年輕人，他給他買了一瓶水，擁抱了一下。

　　謝謝你，陌生人，謝謝你洗禮我的心。

　　我們唯一能夠做到的就是，記住那個下雨天給你送傘的人，發燒的時候給你買藥的人，在你最難過的時候安慰你的人，在你最脆弱的時候沒有打擊你的人，在你走在人生的岔路，不知道未來何去何從的時候，告訴你，人生就是試錯，即便是錯了，也沒有關係的人。

　　你要記得他們這些好，因為他們本可以不必這麼做。

世界是個能量場，所有的正能量，善意的能量，都會給我們積極的力量。只是一句「新年快樂」也可以，只要我們堅持對這個世界釋放善意，他們總會接收到的。

註 15　提籠遛鳥、無所事事的老混混。

註 16　說嘴。

註 17　厭煩。

註 18　指丈夫做得不太合格，離職後，只能讓妻兒挨餓受凍。這是《孟子‧梁惠王下》裡面的一句話。

註 19　指幫助過你的人，你會在以後的日子裡對他表示感謝。

註 20　忙碌不安，到處奔波。

註 21　取自於歌手汪峰《春天裡》的歌詞，原話是：那時的我還沒剪去長髮沒有信用卡沒有她沒有 24 小時熱水的家。

世間所有的相遇，都是久別重逢

作為在臺灣知名度為零的作者，能夠在 28 歲的年紀出版自己在台灣的第一本書，我覺得十分幸運。這裡面的一些文章是我博客文字的收錄，還增益了部分原創文字，在這本書裡面首發。

寫這本書的初衷並不在於指點誰的人生，每個人都有自己的錦繡山河。只是想說，這個世界上還有很多人和我們一樣，有焦慮，有傷心，有脆弱，有不確定，但是依然勇敢的走在有光的路上。

感謝在書中被我引用、打壓和讚美的朋友們，他們很多人對於自己的事蹟被當做各種例子來進行文學創作，至今茫然無知。不知道最好，免得懷恨在心，已讀不回。知道我在寫他們的那些人，發個短信過來說：「不酸我你會死？！」也就完事。有這樣一群開得起玩笑，爆得起黑料的朋友，真是不幸中之萬幸。

另外，為了更有在地的感覺，每一句文字都有修改。前段時間和台灣師範大學的老師聊天，他說雖然都是使用中文，大陸和台灣只能夠互相理解到百分之七十，剩下百分之三十要麼全靠猜，要麼完全看不懂。所以在這裡要特別感謝李怜儀編輯，為了台灣讀者能夠獲得更加自在的閱讀體驗，她在原稿的基礎上做了大量的修訂工作。

感謝時報出版社第三編輯部的總編湘琦姐和主編汪婷婷小姐、企

劃塗幸儀小姐，如果沒有她們的淘盡英雄，我做夢都沒想到，會有這種好運氣。

我剛到臺灣的時候，人生地不熟，安頓好行李和住處，第一件事情就是去逛誠品書店。我知道現在網路購物發達到高山仰止，知道他們可以通過逆天的計算方式，把他們認為我會喜歡的書推送到我的面前，但是我還是想去書店看看。對我來說，書店還是一個城市最能夠吸引我的地方。

所以我去了捷運市政府站旁的誠品信義店，那麼高的一棟大樓，各種各樣的書，裝幀精美、內容優良，每一本我都想要帶走。摸摸那些嶄新的書頁，個個都像是剛出爐的包子般新鮮又迷人，我在心裡對自己念叨：「這輩子要是能在臺灣出一本書就好了，哪怕就一本，也好。」

十一月份某一天，我正坐在政治大學的圖書館裡面，隔著窗戶遙望著對面的綠水青山，望著貓纜上空來往往，腦子裡主要在想中午該吃什麼這一千古哲學問題。突然收到北京的編輯來信，說繁體版權授權給了時報出版社。我故作矜持的回信說謝謝他，然後想到要吃什麼了，去到學校外面點了一份最貴的便當，還給自己加了個滷蛋。

求仁得仁，有求必應，生活待我不薄。

如果你能夠看到這段碎碎念，說明這本書已經付梓印刷，將要靜靜的躺在世上的某個角落了，或者是書店，或者是舊書攤，或者是夜市鹹水雞的小攤上，周圍熙熙攘攘，它很不識趣的躺在一邊。

時間再倒敘回序言。那天我上完皮革班的最後一節課，離開臺北的日子很近了。在離捷運中山站不遠的街口，在潮州街的幽深巷子深處，他們一邊在自己的皮革上面敲敲打打，一邊問我何時回來。我搖搖頭說後會無期。他們說你可以回來旅遊，我笑著說我更喜歡毫無計畫的相遇相識。然後我們拍照、擁抱、道別，以後會無期的隆重，慶祝這一場萍水相逢。

　　沒想到在離開臺北的前三天，時報出版的編輯們聯繫我，告訴我這本書將要在年後順利出版，那可能就意味著，我和臺北，和臺灣，後會有期。簡直是天大的好消息。

　　根據怜儀編輯的建議，我把九萬字的稿件重新校對一遍，增加了台灣版的序言和後記；因為書的內頁需要配圖，我等北京的藍天，等它起風了，然後到清華園拍了幾組照片。冬天的北京，受西北風的影響，清冽乾燥，它和臺北的陽光不一樣，陽光從湖面反射到人臉，顯示出斑駁的感覺。

　　外地人熟悉臺北，多半是因為孟庭葦那首《冬季到臺北來看雨》，冬天的北京恰恰是沒雨的，算是一年中最乾旱的季節。冬天的臺北，受東北季風的影響，潮濕寒冷，而冬天的北京，受西北風的影響，清冽乾燥，這是不同的氣候帶給人的不同感受。

　　但有一點是相同的，不管是臺北的羅斯福路三段、溫州街還是永康街，還是北京的五道營胡同、798藝術區還是前門大街，冬天都是最有氣氛的。當北京凜冽的寒風吹起，來自太平洋的風讓臺灣飄起小雨。

王家衛說：「世間所有的相遇都是久別重逢。」這句聽起來毫無邏輯的話，每次都想讓我猛點頭。

對於這本書來說是，對於我來說，亦復如是。

林 籟.

2017.2.1 於清華園

唯心 VRC0014

愛情，不過就是理解複雜，選擇簡單

作　　者—林韻
主　　編—汪婷婷
責任編輯—李怜儀
責任企劃—塗幸儀
封面人物攝影—陳仕彥
封面設計—小美事設計侍物
內文設計—亞樂設計
董 事 長—趙政岷
總 經 理—趙政岷
總 編 輯—周湘琦
出 版 者—時報文化出版企業股份有限公司
　　　　　10803 台北市和平西路三段二四〇號七樓
　　　　　發行專線—（〇二）二三〇六—六八四二
　　　　　讀者服務專線—〇八〇〇—二三一一七〇五
　　　　　　　　　　　（〇二）二三〇四—七一〇三
　　　　　讀者服務傳真—（〇二）二三〇四—六八五八
　　　　　郵撥—一九三四四七二四時報文化出版公司
　　　　　信箱—台北郵政七九～九九信箱
時報悅讀網—http://www.readingtimes.com.tw
電子郵件信箱—books@readingtimes.com.tw
生活線臉書—https://www.facebook.com/ctgraphics
法律顧問— 理律法律事務所　陳長文律師、李念祖律師
印　　刷— 詠豐印刷股份有限公司
初版一刷— 2017 年 4 月 7 日
定　　價— 新台幣 300 元
（缺頁或破損的書，請寄回更換）

國家圖書館出版品預行編目 (CIP) 資料

愛情，不過就是理解複雜，選擇簡單 / 林韻著.
　-- 初版 . -- 臺北市 : 時報文化 , 2017.04
　面；　公分 . -- (唯心 ; VRC0014)
　ISBN 978-957-13-6903-7(平裝)

1. 生活指導 2. 女性

177.2　　　　　　　　　106001124

時報文化出版公司成立於一九七五年，並於一九九九年股
票上櫃公開發行，於二〇〇八年脫離中時集團非屬旺中，
以「尊重智慧與創意的文化事業」為信念。